读懂
青春期
孩子的心

Understand Adolescents

黄慧　邓伟平　胥丽 ——— 编著

图书在版编目（CIP）数据

读懂青春期孩子的心 / 黄慧，邓伟平，胥丽编著.
北京：中国纺织出版社有限公司，2024.12. -- ISBN 978-7-5229-1924-9

Ⅰ．G78

中国国家版本馆CIP数据核字第202487TA53号

责任编辑：刘桐妍　　责任校对：高　涵　　责任印制：储志伟

中国纺织出版社有限公司出版发行
地址：北京市朝阳区百子湾东里A407号楼　邮政编码：100124
销售电话：010—67004422　传真：010—87155801
http://www.c-textilep.com
中国纺织出版社天猫旗舰店
官方微博 http://weibo.com/2119887771
鸿博睿特（天津）印刷科技有限公司印刷　各地新华书店经销
2024年12月第1版第1次印刷
开本：710×1000　1/16　印张：12.5
字数：125千字　定价：49.80元

凡购本书，如有缺页、倒页、脱页，由本社图书营销中心调换

前 言

"青春期"是让很多父母"谈虎色变"的一个词，因为青春期意味着"孩子的叛逆""难以沟通"且"情绪多变"，更意味着"亲子隔阂与对立"。那么，什么是青春期？

青春期（又称青少年期）是儿童期至成年期的过渡时期，这一时期，孩子的体格、性征、内分泌及心理等方面都发生了巨大变化，个性、品质等世界观及信念逐步形成。

青春期，是人生中最美好的时期，也是决定孩子一生的关键期。青春的岁月如同钻石般珍贵，如鲜花般灿烂，然而，青春期也是狂风暴雨般的时期。为此，不少父母感到教育青春期的孩子让他们心力交瘁——"原来与自己无话不谈的儿子现在对自己关上了心门，一天到晚都说不上几句话""孩子总是和自己对抗，亲子关系十分紧张""孩子和不良社会青年走得近、成绩严重下滑"……对孩子不干涉，孩子会误入歧途；对孩子干涉，又无从下手……很多父母开始担心，孩子到底怎么了？一时之间，他们发现自己对青春期孩子的教育感到很无力。其实，这些都是孩子在青春期的正常表现，也是很多父母教育中常见的困惑。而这一切都是因为作为父母的我们没有真正读懂青春期孩子的心。

在回答这一问题之前，我们首先要了解什么是青春期。心理医生认为，孩子在10岁之前是对父母的"崇拜期"，在12～16岁是孩子的"心理断乳期"，许多西方心理学家也把青春期看作个体发展的"危险期"。孩子进入这个年龄

段，随着身体的发育、所学知识的增加以及阅历的丰富，他们的自我意识增强，他们渴望脱离对父母的依赖，因此，极易产生"逆反心理"而不服父母的管教。

实际上，作为父母，如果我们不了解青春期孩子的独特心理、不了解他们的成长困惑、不掌握一些打开孩子心门的心理学方法的话，那么，我们便很容易陷入"孩子冲动叛逆，父母气急败坏"的教育困境。

当然，父母需要学习的心理学知识有很多，比如，为什么青春期的孩子要将自己封闭起来，为什么他们总是对抗父母，为什么他们总是渴望被异性关注……在了解青春期孩子的这些特殊表现背后的原因后，我们就能做到有的放矢，从而找到最佳的教育方法，帮助孩子解开很多青春期的烦心事！

那么，作为父母，我们该如何展开对青春期孩子心理的了解呢？

为了解决这一问题，我们编写了这本书。本书从心理学的角度出发，为广大家长讲解与青春期孩子相处的技巧，相信通过阅读本书，家长们一定能够对青春期孩子多一些了解，并引导青春期孩子正确处理成长中的一些问题，进而帮助他们顺利度过暴风雨般的青春期。

编著者
2023年12月

目 录

第一章 青春叛逆期，时刻关注孩子的心理状态

- 盲目追求与攀比——青春期孩子的虚荣心如何疏导 / 003
- 孤独心理——青春期孩子更需要父母的爱与陪伴 / 006
- 胆怯心理——孩子的自信和勇敢来源于父母的鼓励与支持 / 009
- 紧张心理——帮助孩子淡化紧张，学会凡事轻松面对 / 012
- 嫉妒心理——嫉妒是吞噬孩子的毒药 / 015

第二章 躁动不安的青春期，这样应对孩子的叛逆心理

- "我就想看到老师生气"——上课爱捣乱的孩子是什么心理 / 021
- "别人都抽烟，为什么我不能"——别让香烟损害青春期孩子的健康 / 024
- "你早就out了"——教育也要与时俱进，才能读懂孩子 / 028
- "这事听我的"——孩子需要你的引导而不是命令 / 032
- "我也有面子"——批评孩子，不要当着外人的面 / 035

第三章 青春期的孩子开始疏远父母，父母该如何与孩子融洽相处

- 那些离家出走的孩子，内心在想什么 / 041
- 进入青春期，一些孩子开始刻意躲着父母 / 045
- 为什么你的孩子开始疏远你 / 048
- 了解你的孩子，才能和他做朋友 / 051
- 与青春期孩子沟通，千万不要唠叨 / 054

第四章 青春迷茫，父母要理解青春期孩子的成长烦恼

- "大家为什么总是看不起我"——青春期的孩子更易自卑敏感 / 061
- "我不要你管！"——青春期孩子为什么不愿意听父母的话 / 064
- "我非要和你不一样！"——青春期孩子为什么会产生对抗心理 / 067
- "都别招惹我！"——青春期孩子总是无来由地发脾气 / 071
- "我想要获得他人关注"——爱穿奇装异服的孩子是什么心理 / 074

第五章 让孩子爱上学习，青春期孩子学习问题如何处理

- 为什么要努力学习——帮助孩子明确真正的学习动机 / 081
- 学习时间总是不够——一份合理的学习计划有助于提升学习效率 / 084
- 青春期孩子厌学情绪大——帮孩子挖掘自己的学习兴趣 / 088
- "总是上不完的辅导班"——父母不要让孩子盲目上辅导班 / 092

第六章 脆弱敏感的青春期，锻炼孩子的心理承受能力

- 允许孩子失败，培养"输得起"的心态 / 099
- 引导孩子直面恐惧，让孩子拥有过硬的心理素质 / 102
- "皮格马利翁效应"：鼓励能给孩子带来自信 / 105
- 拿第一却不高兴——好名次让孩子产生了更大的心理压力 / 109
- 告别"棍棒"教育，青春期的孩子经不起你的粗暴对待 / 112

第七章　青春期孩子有了自己的心事，父母这样做和孩子实现有效交流

- 倾听孩子的心事，了解他们的烦恼 / 119
- 与青春期孩子交流，不要一味地教训 / 123
- 赏识教育，鼓励能让你的孩子更自信 / 127
- 孩子关上了心门，不妨从孩子的朋友开始了解 / 130
- 青春期的孩子自尊心更强，批评他们要适度 / 133

第八章　面对孩子焦虑、情绪化该如何化解

- "总是无法集中注意力学习"——青春期焦虑症是怎么回事 / 139
- "我不需要老师的管教"——引导孩子学会理解老师 / 142
- 孩子的心情总是阴晴不定——理解青春期孩子情绪的不稳定 / 145
- "好兄弟就要两肋插刀"——青春期的孩子盲目讲哥们义气该怎么引导 / 148
- "我真的很差劲"——孩子总是情绪低落、自卑 / 151

第九章　青春期孩子有了身体上的变化，父母帮助梳理生理烦恼

- "怎么会做那样的梦"——告诉孩子梦中的性并不可耻 / 157
- 男孩是怎样形成的——帮男孩了解自己身体的发育情况 / 160
- "该怎么开口"——用孩子可以接受的方式对孩子进行"性"教育 / 164
- 胸前鼓起了花骨朵——帮女儿正视自己身体的变化 / 167
- 不敢和异性说话——孩子为什么刻意疏远异性 / 171

第十章 自我意识的萌芽，让青春期孩子更需要理解和尊重

- "我就不能有自己的看法吗？"——尊重孩子的意见与想法 / 177
- "我也有隐私！"——为什么孩子好像突然多了很多秘密 / 180
- "我要自由！"——青春期的孩子都希望能有自己独立的空间 / 184
- "为什么不问问我？"——给孩子发表意见的机会 / 187

参考文献 / 191

第一章

青春叛逆期，
时刻关注孩子的心理状态

父母的角色远不止于孩子生活的「供给者」，还要细心捕捉孩子心灵的微妙波动，成为他们的守护者。

盲目追求与攀比——青春期孩子的虚荣心如何疏导

父母的烦恼

12岁的米米长得很漂亮,弹得一手好钢琴,是个人见人爱的女孩。但是,她也是个十分"奢侈"的孩子,从头到脚都是名牌。有些时候父母给她买来不是名牌的衣服,不管多好看,她一概不穿,还为此哭闹了很多次。

父母对她这点也十分头疼,实在不明白为什么孩子这么小就如此热衷于名牌。而米米的理由就是:"让我穿这些,我怎么出去见人啊?我的同学都穿名牌,我要是没有,人家会笑话我的。我不穿,不然我就不去上学。"

不仅如此,米米还"逼"着爸爸给她买手机和高档自行车,原因也是"同学都有"。

其实,米米不是一个特例,而是在青春期孩子中的一个普遍现象。尤其是那些家庭条件优越的孩子,他们从小就穿名牌衣服,吃优质食品,玩高档玩具,进入青春期后,便学会了互相攀比。

可能很多父母都遇到过这样的问题:孩子小小年纪就虚荣心作祟,盲目追求与攀比。虽然虚荣心是一种常见的心态,尤其是对于青春期的孩子,他们开始有了自己的独立意识,开始看重面子,渴望被关注,但虚荣心一旦形成,对孩子的成长将会有很大的消极影响。最重要的是,孩子爱虚荣,有碍真正的进

步和培养好的性格。

很多父母都这样抱怨过：

"我女儿最近总是说'我想买台笔记本，我们班同学谁还在用台式的啊？'"

"我儿子常常对我提出这样的要求：'我们班同学穿的篮球鞋不是阿迪达斯就是耐克，就我还穿那种地摊货，太丢人了。我也要买双名牌鞋。'"

"其实，我也知道，现在的孩子有攀比心理，但问题是我们家的经济条件真的不怎么好，我们满足不了他。每次孩子提出要求，我都很为难。请问，有什么方法可以既不伤害孩子的自尊，又能消除他的攀比心理？"

"现在的孩子怎么了，做父母的真不容易啊，为他们提供这么好的学习环境，怎么还有这么多的不满呢？"

的确，很多父母都会产生这样的疑问：该怎样正确地引导孩子，让孩子把精力放在学习上呢？

其实，很多时候，孩子的虚荣心和家庭教育有很大的关系。现在，许多父母溺爱自己的孩子，认为只有一个孩子，又有经济承受能力，所以舍得为孩子买高档玩具、流行服饰。有些父母不注意孩子的修养和教育，喜欢在吃穿打扮、玩具等方面与他人攀比，甚至给孩子大把零花钱以显示自己的富有和与众不同。他们总喜欢讲自己孩子的优点，甚至在亲朋好友之间也炫耀自己的孩子，亲朋好友为了礼貌也都讲孩子的优点，孩子在生活中一直听到的都是一片赞扬声，很少有人讲孩子的缺点。父母对孩子一味地"捧高"，让孩子在一片赞扬声中长大，从不受任何挫折，这样也就促使孩子的虚荣心慢慢形成了。

不可否认的是，攀比是很正常的心态，每个人都或多或少有攀比心，成年人也不例外。有时候这种心态的存在可以促使人去努力、去奋斗，从一定意义上说，攀比心是促使人前进的动力，良性的攀比能使人奋发。但作为孩子，如果不经父母的帮助和指点，很容易因为盲目攀比而误入歧途。因此，父母要引导孩子，不要让孩子比物质，而是要比学习，比品德，比对集体的奉献，比各自的理想，比自己的特长，在这样一种良性的竞争中，孩子才会健康地成长！

心理支招

具体说来，父母可以从以下几个方面来纠正孩子的虚荣心：

1. 榜样示范

父母可以从自身做起，不盲目追求名牌，不乱花钱，注重精神修养，给孩子树立一个好榜样。

2. 帮助孩子认识真正意义上的美

父母可以通过身边的事或者通过讲故事、看电影等方式让孩子明白，真正的美来自心灵，而不是外表，拥有良好的品德就很美。

3. 少表扬

当孩子取得了很好的成绩时，尽量不要当着很多人的面夸奖，这样容易让孩子养成虚荣心。

4. 高要求

如果孩子很聪明，在做事情上表现得比同龄人优秀，那么，父母就要交给他有一定难度的任务，使他感到自己能力不足，认识到自己还需要努力。

5. 进行受挫折训练

教孩子学会调节情绪，经受失败的考验是很必要的。

另外，最重要的一点，在家庭生活中，即使你的孩子是独生子女，也不要整天围着孩子转，否则，他会认为自己是家庭的"中心人物"。即使你的家庭经济条件很好，也不要放纵他的消费欲，而应该帮助他养成有计划、有目的的消费习惯。

孤独心理——青春期孩子更需要父母的爱与陪伴

父母的烦恼

张女士是一名公务员，在单位颇有业绩的她也对女儿寄予厚望，希望女儿能按照自己的想法规划人生。女儿也一直是大家公认的乖乖女，但不知从什么时候起，女儿好像变得孤僻了，也不再愿意和自己及周围的长辈们说话了。

最近一段时间，张女士还发现，女儿的书包里好像多了一本日记，难道女儿有什么秘密？不会是交了男朋友吧？一个周末，张女士趁女儿不在家，怀着强烈的好奇心看了日记，令张女士意外的是，女儿并没有什么秘密，日记的内容只不过是对学习压力的倾诉以及与好朋友相处的过程中遇到的问题。

看到这些，张女士悬着的心终于放了下来。但从这件事之后，细心的女儿居然给日记本上了锁，这让张女士又产生了很多疑问。

案例中张女士的教育方法很明显是不恰当的，偷看孩子的日记只会引起孩子的反感。有时候，孩子写日记，并不是因为孩子有什么见不得人的秘密，只是他们需要找一个倾诉的对象，这是因为青春期的孩子都有孤独心理。

青春期的孩子似乎永远都把日记本当作送给自己青春期的第一份礼物。那么，他们为什么喜欢写日记呢？

孩子一到青春期，随着身体上的发育，他们在心理上也发生种种变化。他们对于以前父母灌输给自己的种种思想产生怀疑，甚至不再相信成人。因此，他们觉得孤独，需要一个倾诉的对象。此时，他们往往会选择一个完全属于自己且父母不会干涉的空间，并将属于自己的心情和小秘密都倾诉出来。于是，他们会锁上房门，打开自己的日记本，将一整天遇到的快乐的、不快的、激动的、气愤的、伤心的事情都写下来。当写完起身时，他们发现心情平复了，感觉也好多了。虽然可能问题还是存在，事情未有转机，但他们已经把部分极端的情绪从体内转移到了日记本上，心里轻松了许多。

作为父母，除了要"尊重"孩子的日记外，还要找到与孩子沟通的方法，只有这样，才能让孩子对你敞开心扉。

心理支招

1. 了解青春期孩子身心发展的特殊性

处于青春期的孩子，他们身心发展迅速且不平衡，很容易出现各种问题，比如变得孤僻等。对此，家长不必焦虑，应该调整心态，以平常心对待，否则会影响亲子关系。

2. 改变以往的教育方式

父母不再以对待小孩子的方式对待正在向成人转化的孩子，对孩子要有尊重的意识。孩子是一个独立的个体，不能用自己的想法代替孩子的想法，要学会倾听孩子的心声，而不是一味地管教。这样才能化解孩子的对立情绪，从而愿意把心里话说出来。

3. "蹲下来看孩子"

理解孩子就要学会和孩子沟通。怎样沟通？就是"融进去，渗出来"。来看下面的故事：

有一位国王的儿子生了一种怪病，认为自己是公鸡。别人与他讲话他就学

鸡叫。有一个人找到国王说能治好王子的病。他一看到王子，就钻到案子底下学鸡叫，两人一下就通了，在一起玩、吃、住，慢慢两个人感情变深了。突然有一天，这个人说："我要变成人了。"王子也说："我也要变成人了。"

这个寓言故事很好地阐述了"蹲下来看孩子"的教育理念。也就是说，蹲下来，你才能看到和孩子眼里一样的世界，就更容易理解孩子看到了什么，在想些什么。只有这样，才可以和孩子达到有效的沟通。

4. 尝试与孩子建立起"朋友式"的新型关系

当孩子进入青春期后，便产生一系列独立自主的表现：他们要求和成人建立一种不同以往的"朋友式"关系，迫切要求老师和家长尊重和理解自己。如果家长和老师还把他们当作"小孩"而加以监护、奖惩，无视他们的兴趣爱好，他们可能会抱怨，甚至产生抗拒的心理。一般来说，孩子从初中开始就会疏远父母，而更乐于和同龄人交往，寻找志趣相投的伙伴。他们的交往范围也不断扩大，先在班级中而后可能发展到班外甚至校外。

父母不要再把他们当作"小孩子"来对待，要放手让他们独自处理一些事情，尊重他们的意见，信任他们，主动和孩子商量家中的一些事情让孩子体会到参与感。这样，他便会以朋友的身份与你沟通了！

胆怯心理——孩子的自信和勇敢来源于父母的鼓励与支持

父母的烦恼

最近,上海市要举办一个青少年钢琴大赛。邱女士听到这个消息后,就给女儿报了名,她相信女儿一定能拿到奖项,因为女儿一直是学校里表现最好的文艺生。但奇怪的是,就在比赛即将开始的前一天晚上,女儿对邱女士说:"妈妈,我不想参加了。"

"为什么?"

"因为我知道我肯定会让你丢脸,还不如不参加。"

"你怎么这么不自信?"邱女士有点生气了。

"因为你经常说我没用,如果这次没拿奖,你肯定又会这么说。"听完女儿的话,邱女士若有所思,难道都是我的错?

很多人会问:"对人一生产生影响的因素中,谁的作用最大?"毋庸置疑一定是父母。这个案例再次证明了这一点:邱女士经常否定性的暗示让女儿认为自己"一定做不到"。一部美国情感纪录片显示,一位父亲无意中的一句话,不仅影响了其女儿在青春期审美观的形成,还直接影响其成年后的婚姻质量。上海青少年心理研究所专家建议:无论是表扬还是批评,父母一定要选择得当的话语,因为其产生的作用可能真的会影响孩子一辈子。

同样，对于有些青春期的孩子，他们会不自信、胆怯甚至自我否定，可以说，这都和家庭教育有一定的关联。常常听到父母说："你看某某学习多么自觉，从来不要父母操心，你为什么就这么不让人省心。我想了好多办法，花了大价钱请了家教，你的成绩怎么还是上不去？"亲子关系研究者认为，即便是出于事实的抱怨，父母的态度也会让孩子相当敏感。久而久之，他们便会认为自己"真的没用"，或者变得消极、胆怯等。

只有少数孩子能在打击中越挫越勇，最后建立优秀品质。大部分孩子可能都达不到父母的期望，如果长期接受父母未过滤的直白抱怨，尤其是针对自己的这些消极评价，对于培养他们的自信心和自尊心是非常不利的。

一位心理医生非常痛心地讲述他碰到的现象："很多父母因为孩子的问题来找我，当他们绘声绘色地描述着孩子的不良行为时，孩子就站在旁边听着！"这就是很多孩子不自信的原因所在，父母不要总是摆出一副居高临下的姿态嘲笑或教训孩子，要以平等的心态去和孩子交流。不要小看这些行为，自信的基石就是这样奠定的。

那么，作为父母，该如何帮助青春期的孩子正确认识自我、树立自信、变得勇敢积极呢？

心理支招

1. 不要总是否定孩子

绝对不能对孩子使用的措辞：

"你为什么就不能够像谁谁谁。"孩子被对比，很可能增加他们本能的敌对情绪，甚至对此耿耿于怀。

"你真不懂事。"原本孩子做事就缺乏信心，这样的话更易刺伤他们，以后只会越做越糟。

"你真笨。"这绝对是最伤孩子的话，自卑、孤僻、抑郁、堕落都可能因此话而出现。

2. 批评孩子，但不能全盘否定

"你平时的作文写得还不错，可这次的作文却不怎么好。""如果你再写上几篇这么糟糕的作文，你的语文就别想得到'良'。"虽然这两个批评所表达的意思是一样的，但前者却比后者易于被人接受。

当孩子缺乏信心或失去信心时，父母可以适时对他说"嗯！做得不错。"或"想必你已经用心去做了！"等表示支持的话语，这就是所谓的"感化"，最后再鼓励他："如果你能再稍微注意一点，相信下次可以做得更好。"这种积极有建设性的态度，才能使孩子不断进步，更加有自信心去与父母沟通问题。

3. 帮助孩子找到长处

父母应该永远是孩子的坚强后盾，当孩子遭受失败时，父母有责任鼓励他，教会他怎么应对困难。告诉孩子，任何人都有长处和短处，只知道自己的短处而不懂发挥长处是极其不利的。

有些孩子有音乐天赋，有些孩子擅长绘画，有些孩子能言善辩等，干什么并不重要，重要的是如果孩子喜欢，不妨鼓励他发展，谁说爱好不能成为技能呢？为什么培养爱好会重要？因为专注或擅长一件事情能帮助孩子建立自信。

自信对于孩子智力发展影响很大，可是在"一刀切"的教育模式下，很多孩子在人生刚刚起步的阶段，就已经丧失了自信心。因此，作为父母，一定要足够重视，帮助孩子重建信心，正视自己，如此孩子的智力与自信心才能健康发展。

紧张心理——帮助孩子淡化紧张，学会凡事轻松面对

父母的烦恼

玲玲是个从小就爱笑的女孩，现在的她已经上初三了。尽管临近中考，但她似乎一点也不紧张，每天还是笑容满面的。事实上，玲玲的学习成绩并不是很好，一直在中游徘徊，从小学开始就这样，但也不知道为什么，一到大考，她好像总比平时发挥得好，当同学们问她怎么做到的，她的回答是："因为我相信我自己能考好，没什么可担心的。"

玲玲说："曾经我也是个自卑的女孩，但妈妈告诉我，'你长得不比别的女孩差，成绩也不是很差，有必要每天一脸愁容吗？'"在妈妈的鼓励下，玲玲也越来越自信。

中考很快来了，这天，当大家都忧心忡忡地进考场时，玲玲还是和平时一样笑嘻嘻的。成绩出来后，不出大家所料，玲玲顺利考入了该市的一所重点高中。

故事中的主人公玲玲为什么运气那么好呢？这与她轻松的心态不无关系，而这也来源于其母亲的鼓励。

每个人的一生，总会遇到一些可能让我们心情紧张的事，比如，当众演讲、表演、面试等，我们常常会因为这些小事而坐立不安。而实际上，问题的好坏还在于我们看待它们的心态。如果我们用轻松的心态面对，那么，结局往往是利于我们的；我们越是紧张，可能情况就越糟。

对于青春期的孩子而言，他们面临着逐渐繁重的课业负担和众多的考试科目，再加上身体上的变化，他们很容易产生紧张的心理。此时，作为父母，只有鼓励并帮助孩子，使其修炼出泰山压于前而面不改色的淡定心态，才能以最佳的状态去解决问题。

心理支招

事实上，作为过来人的父母也清楚，很多时候在孩子看来很严重的问题，其实并没有那么糟糕，只要孩子能换个角度和心态去面对，就能看到另外一片风景。

当孩子出现紧张心理时，父母可以帮助孩子掌握以下调适方法：

1. 告诉孩子应坦然面对和接受自己的紧张

父母应告诉孩子："紧张是正常的，在某种情境下很多人可能比你更紧张。不要与这种不安的情绪对抗，而是体验它、接受它。要训练自己像旁观者一样观察自己紧张的心理，但不要让这种情绪完全控制住你，'如果我感到紧张，那我确实就是紧张，但是我不能因为紧张而无所作为'。此刻你甚至可以选择和你的紧张"心理对话"，问自己为什么这样紧张，自己所担心的事情最坏的结果是怎样的，这样你就做到正视并接受这种紧张的情绪，坦然从容地应对，有条不紊地做自己该做的事情。"

2. 教孩子学做一些放松身心的活动

具体做法是：

（1）选择一个空气清新、四周安静、光线柔和、不受打扰，活动自如的地方，取一个自我感觉比较舒适的姿势，站、坐或躺下。

（2）活动一下身体的一些大关节和肌肉，做的时候速度要均匀缓慢，动

作不需要有一定的格式，只要感到关节放开、肌肉松弛就行了。

（3）做深呼吸，慢慢吸气然后慢慢呼出，每当呼出的时候在心中默念"放松"。

（4）将注意力集中到一些日常物品上，比如，看着一朵花、一点烛光或任何一件柔和美好的东西，细心观察它的细微之处，点燃一些香料，微微吸它散发的芳香。

（5）闭上眼睛，去想象一些恬静美好的景物，如蓝色的海水、金黄色的沙滩、朵朵白云、高山流水等。

（6）做一些与当前具体事项无关的而自己比较喜爱的活动，比如游泳、洗热水澡、逛街购物、听音乐、看电视等。

3. 督促孩子做足准备工作

对于青春期的孩子来说，他们缺乏自制力，尤其是面对学习和考试，他们常常临时抱佛脚，结果总是因为准备不足而产生紧张心理。对此，作为父母，要督促孩子：要想把事情做到最好，你必须在心中为自己设定一个严格的标准，并且在做事时，你一定要按照这个标准来执行，绝不能马虎。这样，孩子不仅能减少紧张心理，还能养成严谨的思维习惯。

嫉妒心理——嫉妒是吞噬孩子的毒药

父母的烦恼

这天，在某小区门口，两位中年妇女在讨论自己的孩子："现在的孩子，怎么小小年纪就有嫉妒心呢？对门张姐的女儿成绩好，我无意中夸了一句，女儿就愤愤不平地说：'老师包庇她。'开始我也没当回事。期末考试前，那个女孩的几张复习试卷丢了，就来我们家向我女儿借试卷去复印，女儿一口咬定卷子借给表妹了。可是女儿根本就没有表妹，而且，那天晚上，我看见女儿的书桌上竟然有两份一模一样的复习试卷。很明显，那个女孩的试卷是被女儿偷了。我当时真是六神无主了，女儿怎么会这样呢？我意识到问题的严重性，焦虑万分，因为任何思想成熟的人都明白，嫉妒是思想的暴君，灵魂的顽疾。我想帮助女儿改掉嫉妒的陋习，可我真不知道怎么办。"

的确，对于青春期的孩子来说，他们已经有了升学的压力，开始明白竞争的重要性，同时，也会不自觉地喜欢与他人作比较。当他们发现自己在才能、体貌或家庭条件等方面不如别人时，就会产生一种羡慕、崇拜、奋力追赶的心情，这是上进心的表现。但同时，因为青春期孩子心理发展尚未成熟，对自己各方面能力认识不足，遇上比自己能力强的人时就会感到不安，很容易产生嫉妒心理。嫉妒是对才能、成就、地位以及条件和机遇等方面比自己好的人，产生的一种怨恨和愤怒相交织的复合情绪，即通常所说的"红

眼病"。

大家往往会不自觉地与周围的人进行比较,比较就有差异,有差异就很容易产生嫉妒心理。美国著名心理学家布鲁纳曾经指出,好胜的内驱力可以激发人的成就欲望。但如果不能正确地认识竞争,就会导致人们在相互的竞争中产生嫉妒心理。当嫉妒过于强烈,任其发展时,则会形成一种扭曲的心理:心胸狭窄,喜欢看到别人不如自己,并喜欢通过排挤他人来取得成功。

青春期是个需要朋友的阶段,青春期的孩子逐渐进入社会,青春期也是个为友谊劳心劳力的阶段。每个孩子都有几个朋友,但似乎这些孩子间都有一个威胁友谊的杀手——嫉妒,因为在同龄的孩子之间,往往免不了竞争。因此,很多孩子在面对比自己优秀、比自己成功的朋友时,就会感到心里不平衡。"和她做朋友,感觉自己像个小丑一样,简直是她的附属品",这种心理很多孩子都有过。

父母作为孩子的第一任老师,在培养孩子健康的竞争心态上起着极为重要的作用。在培养孩子竞争意识的过程中,也应让孩子明白,竞争不应是狭隘的、自私的,竞争应具有广阔的胸怀;竞争不应是阴险和狡诈,暗中算计人,而应是齐头并进,以实力超越;竞争不排除协作,没有良好的协作精神和集体信念,单枪匹马的强者是孤独的,也是不易成功的。

1. 引导孩子发现别人的长处和不足

如果孩子能以这样的心态面对比自己优秀的朋友或者同学,不仅能学会用客观的眼光看待自己和对方,也能弥补自己的不足。这样,孩子就不至于为一点小事钻牛角尖,还能交到帮助自己成长的朋友。

2. 教育孩子在竞争中要学会宽容

生活中，有一些孩子，他们在竞争中失败了，就会表现得不高兴、闷闷不乐，甚至憎恨胜利者、嫉妒胜利者、不与胜利者交往，并在其背后说胜利者坏话等。孩子有这一表现，证明他们还未能以健康、积极的心态面对得失。对此，父母在培养孩子竞争意识的同时，也要提高孩子的竞争道德水平，教育孩子要学会以广阔的胸襟面对竞争中的得失，并让孩子明白竞争不应该是狭隘的、自私的，而应该是宽容的。

3. 培养孩子在竞争中合作

竞争越是激烈，合作意识就越是重要。因为个人的力量总是渺小的，很多事情需要父母清醒地认识到：这个社会的发展不仅有竞争，还要有合作，要培养孩子在竞争中合作。唯有竞争没有合作只能造成同学关系的紧张，给自己平添许多烦恼，对生活和学业都非常不利。

比如，你可以告诉孩子："这次足球比赛中，××队的确赢了，但你发现没，他们这个团队合作得非常好。实际上，你所在的团队每个队员都有各自非常好的优势，但却有个缺点，那就是你们好像都只顾自己，没有彼此间的合作，这是团队赛中最忌讳的。"

总之，作为父母，培养孩子的竞争能力，就要让孩子明白：只有与嫉妒告别的人，才有可能获得最后竞争的胜利，取得优秀成绩。妒忌心理是人与人相处、人与人竞争中存在的一种阴暗心理，对孩子来说，危害性很大。因此，父母在培养孩子的竞争意识的同时，更要注意培养孩子的竞争美德。

面对叛逆期的孩子，父母的角色不单是他们生活的"供给者""管理

者"，而是其成长路上的引导者。有些孩子成长于被父母和长辈过度呵护宠溺的家庭环境中，从而造成了一些诸如自私、冷漠、依赖心理、盲目攀比等心理问题，很显然，这样的孩子很难成长为一个健康快乐、更受人欢迎的人。如果你的孩子也是如此，那么你需要留心注意孩子的各种行为，帮助其做好心理调适。

第二章

躁动不安的青春期，
这样应对孩子的叛逆心理

他们希望自己像成年人一样得到尊重，不愿被干涉，这正是青春期显著特征之一。

第二章
躁动不安的青春期，这样应对孩子的叛逆心理

"我就想看到老师生气"——上课爱捣乱的孩子是什么心理

父母的烦恼

"我真不知道王伟同学是不是有多动症，他这样总是捣乱，我没法上课，也影响了其他同学，希望你回去好好和他沟通。"在某学校的老师办公室里，老师义愤填膺地对一个家长说。

"我的儿子今年14岁，初中三年级，他好像从上初三以来就变得不听话了，说什么做什么完全看自己的心情。老师经常打电话来说他上课不听讲，跟老师顶嘴，对着干，由开始的课堂上故意捣乱，到现在的不学习、上课不听讲，趴在桌上。现在回家连书包都不带回来。"一位母亲说。

"我这个月已经是第三次被老师请到学校了，我儿子上课要么不听讲，要么和同桌讲悄悄话。更为严重的是，一次他居然在课堂上把篮球拿出来，和几个男生一起玩起传球。"另一位父亲说。

想必很多青春期孩子的父母都遇到过以上情况，并感到束手无策。学习对于任何一个孩子来说都是最重要的事，而课堂学习是一个师生互动的过程，学生成绩的好坏很大程度上取决于课堂听讲的效果。但很多孩子一到初中，就由以前一个上课认真听讲的好学生变成一个"捣蛋虫"，这不仅给老师的教学工

作带来困扰,也让很多父母忧心忡忡。很多父母也因此被老师请到学校,希望能找到一条有效解决问题的途径。

一般来说,青春期孩子在课堂上不注意听讲大约有以下三种表现:

第一种是自己不听讲,在课堂上大声喧哗,甚至随便下座位、打闹,极大破坏了老师的课堂教学及其他学生的课堂学习,老师经常不得不中止教学来维持课堂纪律。

第二种是自己不听讲,但不会影响别人。这类孩子表面上是在听老师讲课,但却在座位上做小动作,如玩文具、听音乐、看课外书等。

当然,这类孩子不听讲的目的并不在于故意让老师生气,而是因为他们不能理解老师的授课内容,无法从老师的授课中得到任何有意义的信息,老师讲的知识不能进入学生已有的知识结构,使他们根本不知道老师在讲什么,听课就像是听天书,这是学习障碍的一种表现。我国早在1992年就抽样调查过,有学习障碍的学生占学生总人数的5%~10%,其中,小学生多于中学生,男生多于女生。

第三种是自己不听讲,和周围同学小声说话。他总有说不完的"事",有的同学碍于面子或者同样有话要说,也有的同学是不和别人说,自己自言自语,这就造成课堂学习中的一种噪声,既严重干扰了老师的课堂教学,又严重影响学生的学习效果。

==弗洛伊德的精神分析理论告诉我们,人的任何行为都是有原因的,找到这个原因,问题就解决了一半。==那么学生课堂行为表现的背后都有哪些原因呢?

以上三种情况,多半是和青春期孩子的逆反心理有关。青春期的孩子在生理和心理上都处于形成过程中的不稳定时期,他们在心理上渴望自由,但又要面临紧张而单调的学习,在这种矛盾的情况下容易使孩子产生学习心理疲劳,对学习的兴趣降低甚至产生厌倦。而他们大部分的时间都和课堂有关,所以,他们很容易就会将逆反的矛头转向老师。于是,他们会出现上课注意力不集中、故意和老师作对等情况。

那么，作为父母，该如何配合老师做好孩子的心理调节工作呢？

1. 父母不要给孩子过大的学习压力

作为父母，不要过分看重学习成绩，这对于孩子来说是一种无形的压力。很多孩子都有这样一种感受，当他们学习成绩下降时，父母常常是老账新账一起算，把孩子学习成绩下降归结为玩得太多、学习不认真等，甚至骂孩子"蠢""笨"，这只会导致孩子产生对抗情绪。在课堂上，他们没有学习的动力，逆反心理会再次使得他们不认真听讲。

2. 与老师沟通，建议老师对孩子进行一些教育方法上的调整

老师面对犯错误的学生常常是持不接纳态度的，特别是对"屡教不改"的学生，更是从心理上排斥，甚至用罚站、写检查、叫家长等多种手段处罚他。然而，这种方法只会加剧孩子的逆反心理，甚至使其产生厌学情绪。因此，父母不仅不能接受老师的惩罚方法，更要建议老师寻找新的解决问题的方法，要给予孩子更多的理解与支持，与其建立良好的沟通。

另外，在教学方法上，父母可以建议老师让孩子多进行一些自主性学习。课堂教学正发生着"静悄悄的革命"，无论是"自主学习""合作学习""探究学习"，还是"洋思经验"中的先学后教、当堂训练的课堂教学模式等，都在努力探索新的教学理念，而这一切又都需要老师帮助学生在课堂学习中拥有一个愉快的学习环境。

总之，作为父母，不要认为孩子在学校，就可以完全让老师管教。任何时候，父母都必须做孩子情感的依靠。如果父母真的能做到理解孩子，让孩子产生情感认同，那么，你什么事情都不用做，孩子的逆反问题就解决了一半。

"别人都抽烟,为什么我不能"——别让香烟损害青春期孩子的健康

父母的烦恼

杨先生的儿子亮亮,今年刚15岁,上初三,却学会了抽烟。

"我第一次发现他抽烟是半年前的事了,那天,我买了一包烟,放在客厅的茶几上,还没抽几根就没有了。后来,我在亮亮的房间发现了烟头,才知道,这小子居然偷偷开始抽烟了。再后来,我给他的零花钱,他总说不够花。那天,我下班很早,就顺便去学校接他放学,结果却看到他跟同学在操场墙角处抽烟。我当时真是气不打一处来,把他带回家好好教训了一番。可是,我还没说几句,他却反过来教训我:'你要是能把烟戒了,我也戒。'"

的确,很多青春期的孩子,尤其是男孩子,他们把抽烟当作成熟的一种标志。在抽烟的时候,他们觉得自己就如同大人一样很潇洒,但时间一长,便染上烟瘾。而处于青春期的他们,身体发育尚未成熟,过早地抽烟,不仅对身体发育有害无益,也严重影响学生的学习进步,应该及时教育纠正。很多父母虽然都意识到这一问题,但往往屡禁不止,着实伤神。

其实,孩子抽烟,是有一定的心态原因的,主要有以下几种:

1. 好奇型

在家里，许多家长茶余饭后往往朝沙发上一躺，继而点上一支香烟，吞云吐雾，还美其名曰："饭后一支烟，赛过活神仙。"在社会上，待人接物、走亲访友等社会活动，无一不是以烟搭桥。在学校，有的教师一下课，立即就点上一支香烟。这一切，都强烈地吸引着涉世未深的男孩，使他们产生了想尝试一下的想法，于是就开始尝试着吸烟。

2. 欣赏型

孩子成长期的模仿能力极强，对电视、电影中的明星盲目崇拜，觉得他们吸烟很神气，有风度，有气质。对于爱追星的男孩而言，抽烟也就见怪不怪了。

3. 时尚型

在男孩眼里，吸烟已经开始成为一种讲排场、彰显身份的时尚，有的孩子甚至因为完全没有抽过烟，而被同学嘲笑跟不上时代的发展，缺少男子汉气概。有的孩子本来不喜欢抽烟，但看到身边的同学都在吸烟，在固有的从众心理及不平衡心理的促使下，于是也就在开始并不是很愿意的基础上不自觉地加入抽烟一族的行列。

4. 消遣型

一些男孩因厌学、父母离异、受到挫折、无聊等诸多原因，整天沉溺在吞云吐雾的日子里，想借此来缓解内心的痛苦。这类孩子后来大多成了"瘾君子"。寝室、厕所、旮旯处就成了他们抽烟的好处所。

生活中，有不少父母对待已经有这种不良行为的孩子时，只是一味地打骂、暴力解决，根本没有去了解孩子为什么吸烟，没有分析孩子的烟瘾是如何形成的，或者只是睁一只眼闭一只眼。正是这种不良的态度使青少年吸烟的人数越来越多。所以，父母要做好让孩子远离香烟的关键一环，不是对他们放任

自流,也不是暴力解决,而是要将严加管理与正确引导相结合,在孩子还没养成烟瘾之前,将他们从"烟井"旁拉回。

那么,父母该怎样帮助孩子改正吸烟的坏习惯呢?

心理支招

1. 让孩子对抽烟产生一种厌恶感

采取一定的措施,如陪孩子观看吸烟者死于肺癌的电影,或其他现身说法的教育,或采用提醒法、正面法等,根据当时的情形来选择具体的方法。让孩子看后、听后切实感到害怕,认识到吸烟的危害性,从而厌恶吸烟。

2. 价值改变

许多男孩吸烟是为了显示自我,表示自己具有真正男子汉的成熟形象,很有风度。因此,采取改变与吸烟有关的价值观念,使吸烟的孩子感到:吸烟有损其纯真形象,吸烟只会让他人产生厌恶感,显示出的是不良品行的倾向。这样,孩子就会在新的价值观念的支配下,有效地做到不再吸烟。

3. 切断消极影响源

一部分孩子是在同学或同伴的吸烟行为影响下,开始逐步学会吸烟的。实际上,同学或同伴的吸烟行为成了一种强化吸烟的因素。应该采取割断消极影响源的措施,在一定时期内不让他们与吸烟的同学或同伴接触,实质上是让他们不再有复发吸烟行为的机会。经过一段时间的巩固以后,他们已有一定的分辨力和抵制力,不易再受别人的吸烟行为影响。

4. 消除吸烟有益的错误观念

有的孩子认为吸烟可以提神、消除疲劳、激发灵感,这是毫无科学根据的。实验证明吸烟百害而无一益,父母应该告诉孩子吸烟对自己身心健康的严重危害及对成长的巨大影响,让他们明白吸烟等于慢性自杀!

5. 帮助孩子将精力集中在学习上

大量事实表明，孩子开始染上吸烟行为时，也是失去学习兴趣之时。绝大多数吸烟的孩子都是成绩不理想的学生。

为此，父母要引导孩子走上学习的正道。父母可以经常过问和辅导他们的学习，随时鼓励孩子学习上的每一点进步，使孩子将主要精力和活动时间用在学习上，这将有助于他们戒掉吸烟恶习。

"你早就out了"——教育也要与时俱进，才能读懂孩子

父母的烦恼

一位初上网的母亲向网友求助如何和女儿沟通。她这样说："女儿上初中后话越来越少，一到休息日就守在电脑前跟同学聊天、逛贴吧、看论坛。我偶尔凑上去看他们聊的什么，结果竟然看不懂，都是什么'有木有''很稀饭'之类的词。问女儿是什么意思，女儿'切'了一声，很不屑的样子。"

"后来我到网上搜才知道，现在网络上有那么多新词，什么咆哮体、蜜糖体、淘宝体，我自己看得头都晕了。"

"前段时间女儿又改了个状态，写了句'金寿限无乌龟和丹顶鹤'，我更是看不懂。问女儿，女儿居然说我老土，这都不知道。后来，我自己上百度搜了搜，才知道，这原来是前段时间热播的一部韩剧里的台词。哎，究竟是这个年龄段的孩子太前卫了？还是我们真的太土了？"

而这位网友也感慨：现在跟女儿的话题真是越来越少了。平时女儿放学回家，她总是会问女儿想吃什么，女儿的回答常常是"就知道问这个，随便！"考试完问女儿成绩怎么样，女儿的回答就是"就会问成绩，烦不烦"。给女儿买了新衣服，女儿的回答就是"就会买这样的，俗不俗"……

作为父母，孩子进入青春期后，你是不是发现孩子不再像以前一样听话了，不再认为你说的都是对的。他是不是经常对你说："俗！""土得掉渣！""out了"等。从孩子的口中，你是不是会听到："我们同学都是这样说的。""人家都是这样穿衣服的。""什么都不懂，懒得跟你说。""你不明白的。"

这些语言和行为都代表着孩子进入青春期了，开始有了自己的思想。心理学家发现：孩子在10岁之前是对父母的崇拜期，10~20岁是对父母的轻视期，20~30岁是对父母的理解期，30~40岁是对父母的深爱期，直到50岁才真正了解自己的父母。10~20岁是父母和孩子冲突最为激烈的时期。有人说："12~17岁这个年龄段的孩子可以让父母衰老20岁！"也就是说，这一时期的孩子是最让父母操心、担心和伤脑筋的。的确，大多数这个年龄段的孩子，都开始质疑父母，并认为父母的思想跟不上时代。于是，他们经常会说父母的想法"土得掉渣"。而这一点，无疑会加剧父母与孩子之间沟通的难度。

心理支招

1. 家庭教育应该与时俱进

很多父母认为，只要给孩子足够的物质满足，就是给孩子一个好的生活，但是父母却忽略了孩子最需要的东西。孩子最需要的不是玩具和零食，而是亲密感情的表现形式，比如你了解他的思想，理解他，认同他，给他一个鼓励的拥抱等。记住，孩子已经进入青春期了，已经有了自己的爱好、思想等。对此，父母应予以正确的引导和鼓励，不能以一成不变、简单粗暴的方式来干涉和约束孩子，家庭教育也应该突破传统教育的固定模式，与时俱进。父母应该在平时多留意社会的发展和孩子的想法，注意与孩子沟通，在了解孩子的想法后也可以多向老师求教，双方配合合理引导，从而共同促进孩子的健康成长。

2. 和孩子一起探讨时尚与流行性问题

要和孩子做朋友，就必须与时俱进，了解孩子在想什么，只有真正了解孩子，才能和孩子有共同语言。如果问："你了解你的孩子吗？"可能有的家长会说："我的孩子，我能不了解吗？"曾经有人做过一次调查，设计了一些问题：

> **默契小调查**
> 1. 你的孩子最喜欢做什么？
> 2. 他最崇拜谁？
> 3. 曾经哪件事最打击他？
> 4. ×××××××

父母与孩子都写下这些问题的答案，然后彼此对照一下，结果发现，没有一位父母能回答对一半以上的问题。

很多父母，虽然都能记得孩子每次的考试成绩，记得孩子喜欢吃的食物，但就是弄不清孩子崇拜的偶像是叫迈克尔·乔丹还是迈克尔·杰克逊，也弄不清孩子到底是喜欢打篮球还是喜欢踢足球。父母要努力和孩子建立共同的爱好，了解孩子，懂孩子，孩子才能有和你交流的兴趣和欲望。

3. 让孩子安排与父母独处的时间

很多父母感叹："虽然放暑假整天在家，但儿子跟我之间每天的交流时间竟不到半个小时！""女儿每天除了上辅导班就是自己上网跟同学聊天、打电话，根本不理睬父母，说多了还嫌烦！"

其实，既然孩子觉得你土，那你不妨请教他："这个周末由你来安排，不过前提是，你要带上爸妈……"如果你的孩子答应了，那么，就表明他已经允许你进入他的世界。

的确，孩子们天天在用现代化的眼光审视父母，逼迫父母去学习新东西，督促父母朝现代化靠近。呆板的、单一的、简单的家教已经行不通了，父母要在人格魅力、学识素养等各方面得到孩子的敬佩与爱戴。在21世纪，变是唯一不变的真理。变是常态，不变是病态。作为21世纪的父母，不妨改变一下自己，用21世纪的尺子来量量自己，不妨学会在孩子面前"化化妆"——用新知识，新技能包装自己；"演演戏"——每天花上几十分钟，学点新知识，设计一些"脚本"，用自己的行为影响孩子，用新鲜的话题引导孩子。

"这事听我的"——孩子需要你的引导而不是命令

父母的烦恼

小丫生活在一个幸福美满的家庭,家里的经济条件优越。父母的文化程度虽然不高,但在教育子女方面还是有自己的一套方法,特别是她的母亲,和女儿就像朋友。

小学时,小丫总喜欢把学校或者班里的事情告诉母亲,和母亲说悄悄话,家庭的民主氛围很浓郁。

可是,自从进了中学,小丫在家的话越来越少了,一到家就把房间门一关,半天也不出来。母亲想要和她聊聊天、说说话,她总是借故离开。母亲感到纳闷,难道是女儿长大了,想要拥有自己的心灵空间?后来,又有新的情况出现了。一连好几个晚上,小丫都会接到同学的电话,而且一聊就是半天,还得避开父母的视线范围。

后来母亲到学校咨询了老师,从老师那里了解到,最近经常有高年级的同学来找小丫,而且上下学的路上总有一个男孩子与她同行。母亲似乎明白了,可能小丫在思想情感方面产生了波动,出现了早恋倾向。

"一个学期以来,通过我与小丫的多次谈心、疏导,在她父亲的开导下,她懂得了'喜欢'与'早恋'的区别。其实,她对那个高年级男生只是有好感,只是喜欢而已,可以作为一般的朋友来相处。她也真正认识到中学生在心理、生理、经济等方面都不具备恋爱的条件,把精力完全投入自己的学习生活中去,才是现在应该做的。她开始调整自己的精神状态,积极地投入学习中去,几次月考的成绩虽不尽如人意,但她还是继续努力，终于在期末考试中取得了可喜的进步。现在我们更是成了无话不谈的好朋友。"

小丫的母亲是个有心人，没有对孩子劈头盖脸地询问，而是通过其他渠道获得了小丫早恋的信息，并帮助女儿了解喜欢与早恋的区别，使女儿迷途知返，重新投入学习中。

早恋只是青春期孩子遇到的一个问题。对于每个家庭来说，孩子的青春期也是危险期，需要父母的关爱和引导，但很多父母很少静下心来听孩子的想法，而是一味地命令孩子："你不听也得听。"孩子的想法被压制住了，也就变得更叛逆了，根本不愿意与父母沟通。

每个父母都希望自己的孩子听话、乖巧，但孩子并不是父母的私有财产，如果希望孩子样样都服从自己的安排，结果将会适得其反。父母在言行上的矛盾教育常让孩子无所适从。父母在学习家庭教育理论知识的同时，还要善于反思、总结，只有不断提高自己的素养，转变自己的旧观念，把理论灵活地运用到实践中去，才能有好的效果。

总之，父母不要总是强迫孩子听话，把什么都强加给他们。

心理支招

1. 父母不要把自己的观点强加给孩子

父母越是将自己的观点和价值观强加于孩子，并自以为孩子会与你分享，孩子拒绝接受它们的可能性就越大，即便一个较小的孩子也是如此。

因此，父母要想办法弄清你孩子的想法。比如，你可以这样说："我喜欢这个想法，但重要的是你如何看待。"而不是说："太棒了，你不这样认为吗？"或者可以说："你怎么看待那个电视节目？"而不是说："那个电视节目简直就是胡说八道。"

2. 父母不要把自己的兴趣和爱好强加给孩子

很多有所成就的父母都希望孩子能按照自己的兴趣、爱好，甚至为他规划的人生走下去。早有"子承父业""书香门第"之说，生活中这样的例子也是数不胜数：医生的孩子当医生，教授的孩子当老师……

父母总把孩子放在自己的掌心，而孩子却渴望一片自己的天空。这种"独裁"只会把孩子从父母身边拉走。中国的父母太喜欢包办代替，操心受累之余还总爱委屈地说一句："我什么都替他想到了，能做的我都做了，我容易吗？"可是对于这一"替"，孩子不但不领情，反而加剧了他们的逆反心理。尤其是进入了青春期的孩子，他们更愿意固守自己的意志而拒绝家长的好心安排。

其实，父母的良苦用心可想而知，但有没有尊重孩子的兴趣，让孩子选择自己感兴趣的东西呢？

大多数时候父母都会认为：孩子还小，很多事情他们不懂，我们选择的对他们才更有好处。殊不知，孩子已经进入青春期了，他们也有着鲜活的思想和情感，有自己的兴趣。父母应该注意发现和培养孩子的兴趣。只有从兴趣出发，孩子才能自主地学习，才能学得又快又好，才能享受到学习的乐趣。

3. 别只是对孩子大喊大叫

当孩子产生情绪或者做出父母不能容忍的事后，向孩子说明你的想法和感受。当你感到愤怒、难过或者沮丧，请说出来并向他们说明原因，别只是大喊大叫。

总之，父母千万不要总是强求青春期的孩子听话。无论孩子遇到什么问题，父母都要多听听孩子的心里话，多引导孩子，让孩子感受到来自父母的尊重和关心，他们也就没那么大的逆反情绪了。

"我也有面子"——批评孩子，不要当着外人的面

父母的烦恼

有位家长在谈到教育孩子的心得时说："有一天晚上，吃过晚饭，我打开自己的邮箱，发现有一封女儿的信，信的内容是：'妈妈，我给你说件事情，你以后别在别人面前说我不听话，不然很没面子。'我很庆幸，孩子能给我提出来，而不是闷在心里。但同时心里也很酸，心情久久无法平静，以前真的没有考虑到孩子的感受，她已经13岁了，也知道什么是面子，孩子的心是多么的敏感脆弱。于是，我给女儿回了封信，向她保证以后不在别人面前说她不听话了。"

的确，孩子都是渴望得到表扬的，尤其是生性敏感的青春期孩子。他们都有自尊心，都要面子。作为父母，应该时刻注意保护好孩子的面子，不要在众人面前说他们的缺点，也不要在众人面前批评他们。孩子的每一个行为都是有原因的，这是由孩子的心理、生理年龄特点所决定的。也许这些原因在成人看来是微不足道的，但在孩子的眼里那就是很严重的事情，若父母不了解原因而当众批评他们，非但不能解决问题反而会使问题变得更糟，使孩子产生逆反抵触情绪，导致对孩子的教育很难继续下去。

英国教育家洛克曾说过："父母越不宣扬子女的过错，则子女对自己的名誉就越看重，他们觉得自己是有名誉的人，因而也会更小心去维持别人对自己

的好评；若是你当众宣布他们的过失，使其无地自容，他们便会感到失望，而制裁他们的工具也就没有了，他们越觉得自己的名誉已经受了打击，则他们设法维持别人的好评的心思也就越加淡薄。"实际情况正如洛克所述，尤其是青春期的孩子，如若被父母当众揭短，甚至被揭开心灵上的"伤疤"，那么孩子自尊、自爱的心理防线就会被击溃，甚至会产生以丑为美的变态心理。

而生活中，很多父母看到孩子犯错误就急了，也不注意地点和场所，就大声地呵斥孩子，甚至在很多围观者的面前动手打孩子。有些父母更过分，只要孩子犯了一点小错，就新账旧账和孩子一起算，把陈芝麻烂谷子的事情一股脑地给抖搂出来，以为这样的强刺激对孩子会起到较深刻的教育作用。而父母则忘记了自己在教育的是一个青春期的孩子，你当众批评他，严重伤害了一个孩子的自尊。其实，你越发火孩子越反感，不能取得应有的教育效果，反而让孩子对你产生严重的反感情绪。这时候，你就失去了教育孩子的"武器"——父母的威严。更严重的是，很多孩子会产生逆反情绪，甚至会反抗父母的教育。

那么，很多父母就产生了疑问："孩子自尊心强，难道就不能批评了吗？"答案当然是不，但是批评孩子也要掌握一定的原则和技巧，不能当众批评。

心理支招

1. 低声

父母应以低于平常说话的声音批评孩子，"低而有力"的声音会引起孩子的注意，也容易使孩子留心倾听你说的话。这种低声的"冷处理"，往往比大声训斥的效果要好。

2. 沉默

孩子一旦做错了事，总担心父母会责备他。如果正如他所想的那样，孩子反而会有一种"如释重负"的感觉，对批评和自己所犯的过错也就不以为意了；相反，如果父母保持沉默，他的心理反而会紧张，会感到"不自在"，进而反省自己的错误。

3. 暗示

如果孩子犯有过失，父母能心平气和地启发他，不直接批评他的过失，孩子会很快明白父母的用意，愿意接受父母的批评和教育，而且这样做也保护了孩子的自尊心。

4. 换个立场

当孩子惹了麻烦遭到父母的责骂时，往往会把责任推到他人身上，以逃避父母的责骂。此时最有效的方法是，当孩子强辩是别人的过错，跟自己没关系时，就反问他一句，"如果你是那个人，你会怎么解释？"这就会使孩子思考"如果自己是别人，该说些什么"，这会使孩子发现自己也有过错，并会促使他反省自己把所有责任嫁祸给他人的错误行为。

5. 适时适度

正如上文所说，不能当众批评孩子，而应"私下解决"，这能让孩子明白父母的良苦用心，尊敬之心油然而生。比如，孩子考试成绩不理想时，父母可以和孩子坐下来一起分析一下考试失利的原因，提醒孩子以后避免此类情况的发生，这比批评孩子不用功、上课不认真效果要好得多。批评教育孩子，最好一次解决一个问题，不要几个问题一起批评，让孩子无所适从；也不要翻"历史旧账"，使孩子惶恐不安；更不要一有机会就零打碎敲地数落，次数多了，孩子就会对此厌倦，最后变得无动于衷。

总之，对于青春期的孩子来说，无论他们做错了什么，父母千万要注意不要在人多的地方对他们横眉立目地训斥指责，这会伤害孩子的自尊，要学会在一定的场合给足孩子的面子。

> **锦囊**
>
> 　　孩子进入青春期后的显著特征表现在他们成人感、独立感的增强，甚至表现在对权威的反抗上。他们希望自己能像成年人一样得到尊重，不希望被他人干涉。作为父母，需要理解孩子的独特性，学会发现并赞赏孩子的特质，尊重他们的逆反心理并提供个性化的支持引导，而不是期望他们符合某种标准化的模板。

第三章

青春期的孩子开始疏远父母，父母该如何与孩子融洽相处

如果你想敲开孩子封闭的心门，就必须懂得一些与孩子的相处之道，了解孩子的所思所想。

那些离家出走的孩子，内心在想什么

父母的烦恼

曾经有一篇报道，讲述了一个15岁的女孩离家出走的事情。

女孩名叫沫沫，刚上初三。沫沫和大多数00后一样被父母疼爱。虽然沫沫还有个弟弟，但这并没有减少父母对她的爱。"所有同龄人拥有的电脑、手机……我们一样都不会让她落下。"

"但不知为什么，从初三开始，她似乎一下子就变了，开始不间断地离家出走。开始时，晚上没回家住不通知我们。第二天，我们不得不追问，此时，她才说头天晚上在朋友家玩得太晚就直接住朋友家了。但这种情况发生频率越来越高。有一次，她竟然整整四天没有回家，我们也完全联系不上她。我们找遍了她所有可能去的地方，问遍了她所有要好的朋友，但都看不到她的身影。"

沫沫的父母对于女儿的这种情况很着急，他们也曾想过报警，但是沫沫在出走之前就狠狠地警告过他们：不要报警，否则后果自负。

每次沫沫离开家，她的妈妈就彻夜不眠，生怕女儿在外面出了什么事。有时候，沫沫难得回来一次，她又害怕女儿继续出走。"平常一个电话都能把我们吓得冷汗直出。"沫沫的母亲说，只要电话声响起，他们就害怕，怕是沫沫出事的消息。

直到现在，沫沫的父母都想不明白，15岁本是一个无忧无虑的年纪，理应在学校和家庭的关怀下快乐健康成长，而沫沫却执意要过上漂泊的生活。更让他们更担心的是，也许沫沫哪一次的任性出走，就变成了她与父母的永别。

沫沫的事件并不是个例，对于青春期孩子离家出走的问题，专家称：孩子有问题父母难辞其咎。近年来，像沫沫一样离家出走的事件时有发生，这给父母带来了不小的困扰。令父母不明白的是，为什么如今青春期的孩子会出走呢？这里，我们不妨分析一下：

1. 学习压力过大，孩子不堪重负

曾经有这样一则调查报告，报告显示：在被访的中学生中，35%的学生坦言"做中学生很累"，有34%的学生说，"有时因功课太多而忍不住想哭"；面对高强度的学习压力，很多父母并不是理解，而是继续给孩子施压；更不可思议的是，有20%的学生有过"不想学习想自杀"的念头。

当然，孩子的压力有时候也来自自己，他们也会为自己设定各种学习目标，而一旦没有实现这一目标，他们便会感到气馁甚至想逃避。

但是，这种压力更多的是来自家庭。父母设定的目标太高，孩子的考试成绩达不到要求，就给孩子施加压力，孩子就会感到恐惧，甚至一走了之。

2. 做错事又怕受惩罚

有些孩子做错了事，但又害怕父母惩罚，于是，他们选择离家出走。这种情况一般出现在那些经常惩罚孩子的家庭。

3. 被外界环境诱惑

青春期孩子通过各种信息渠道接受很多信息后，一部分人经受不住诱惑对读书不再感兴趣，而是热衷于读书以外的东西，比如早恋或者沉溺于网吧，进而发展到离家出走"实现理想"。

对于任何一个家庭来说，每一个离家出走孩子的父母，都在经历着山崩地

裂般的灾难。有举着孩子的照片一个城市一个城市寻找的，有因找不到孩子而精神失常的，有为了孩子的出走相互责怪而导致家庭离异的，还有为了找孩子而债台高筑的……那么，作为父母到底该怎么做呢？

心理支招

1. 关注孩子的成长，尤其是孩子的心理变化

父母应及时关注孩子的心理变化和需求。如果孩子犯了错误，要善于引导他们，要指出问题的严重性，提出解决的办法，使之自觉改正错误，而不应该横加指责。经常指责，孩子就会因为逃避罪责而离家出走。

2. 不要过多地干涉孩子，否则只会适得其反

专家认为，家庭教育对孩子影响非常大，孩子的第一任老师是父母，不少孩子离家出走是由于缺乏与父母沟通。因此，父母在平时要加强与孩子的交流，不要强迫孩子去做一些事，给孩子自由成长的空间。比如，如果孩子不喜欢弹钢琴，那么，你就应该尊重孩子的想法。另外，父母对于孩子的学业，也不应该过多干预，青春期的孩子已经开始认识到学习的重要性，整天唠叨与叮嘱反而让孩子反感。

3. 帮助孩子增长见识，使其正视社会诱惑

父母可以让孩子经历一些挫折和磨难教育，让孩子吃一些苦。如家里的家务，孩子能做得到的，应让孩子去做。

根据孩子的年龄主动让他们到社会去闯荡，在实践中，他们难免会做错一些事情，父母要抓住这一机会指点孩子，并继续让孩子去做，错了再指点直到圆满完成。这有利于培养孩子的勇气、自信心和责任感，使孩子健康成长。可以说大部分意志坚强的孩子是不会选择离家出走的。

4. 真诚接纳归家的孩子

如果孩子离家出走，但又自己回来，那么，父母一定要好好与其沟通，并安慰在外受苦的孩子，让孩子感受到家庭的温暖，把矛盾缓和了，问题也就解决了。但事实上，有些父母却对回来的孩子恶语相向，甚至打骂，让孩子再次选择离家出走。对此，专家建议，"父母恰当的做法是，应为孩子提供一个安定、和谐、温馨的家庭氛围，先让孩子一颗纷乱的心安定下来，再慢慢地讲清道理，让孩子从'出走'的失误中懂得人生"。

进入青春期，一些孩子开始刻意躲着父母

父母的烦恼

张老师最近遇到一位家长，这位家长在离学校不远的某单位上班，她每天都等张老师下班，然后和张老师一起回家。其实，张老师明白，她是想跟自己多聊聊她的儿子。

一路上，张老师总是听到她在埋怨她的儿子，基本都是情绪的发泄。而其中很重要的一条就是，她的儿子自从上了初中后，好像开始把家只当成一个睡觉的地方，也很少和父母交流，平时让他做什么，也开始敷衍了事。

张老师一直听着，等到她讲完后，张老师说："其实，你遇到的这个问题，我听不少家长都说过。孩子进入青春期后，独立性增加，他们比从前更需要肯定和理解，先不说这个，您说说您儿子的优点吧。"

"张老师，您真会开玩笑，他哪有优点，他身上都是缺点。"

"是吗？您儿子是我的学生，据我了解，你儿子学习成绩很好啊，对人很有礼貌，长得也很帅，乐于帮助人，等等。"听完张老师的话，她频频点头。

"现在，您应该知道您的儿子为什么不和您说心里话了吧。作为家长，只有把孩子当朋友，了解孩子，理解孩子，尊重孩子，并看到孩子的闪光点，和孩子心连心，孩子才会愿意和你打开心扉。"

从那天以后，这位家长再也没为儿子找过张老师了。

日常生活中，很多父母都对这些青春期孩子的疏远、躲避而感到苦闷。一方面父母很想帮助自己的孩子，另一方面孩子根本不愿和父母说心里话。如果父母不了解孩子，又怎么能让孩子对你敞开心扉呢？

是不是我们的孩子天生就不和父母说心里话呢？恐怕也不是。一般孩子不愿和父母说心里话大概都是从青春期开始的。

孩子到了青春期后，开始渴望参与成人角色，要求独立、得到尊重。他们一反以往什么都依赖成人、事事都依附老师和家长的心态，不再事无巨细地样样请教家长了。他们开始有了自己的"小天地"，开始希望有自己的朋友圈子，因为这个时候的孩子对家长表现出闭锁心理，他们更愿意对同龄人说心里话，而不愿对成年人说心里话。最重要的是，他们希望自己的这些变化能得到父母的承认。

所以，有时候孩子躲着父母，不是孩子不想与父母说心里话，而是他们的这些变化没有得到父母的理解和尊重，甚至一些孩子每次与父母谈心里话时都不同程度地受到伤害，慢慢地就与家长疏远了。

心理支招

1. 理解孩子，给他们最贴心的帮助

有一位上初三的女孩子，学习成绩优异，人缘也很好。有一天她收到同学的一封求爱信，心里很惊慌，于是，她就把信交给了妈妈，本想从父母处求得解脱的方法，没想到妈妈却用"苍蝇不叮无缝的蛋"恶语相伤。从此以后，孩子再也不和父母讲心里话了。

父母此时不应该责备孩子，而是要理解孩子，然后给予她需要的帮助。青春期的孩子虽然渴望独立，但却不是完全的独立，很多时候，他们希望父母能帮助自己，而有些父母的态度却让他们退却了。

2. 沟通时考虑孩子的感受，尽量避免与孩子冲突

既然是沟通，肯定会有产生意见分歧的时候，尤其是与青春期孩子交流，他们的情绪容易冲动，稍有不慎，便会导致孩子产生逆反心理，引发他们的抵触情绪并有碍沟通交流。所以，与孩子沟通，一定要注意考虑孩子的感受，尽量避免发生冲突。如果产生了冲突，也要让自己冷静下来，立即采取适当的方式主动停止争辩，待双方冷静后，再来开导孩子效果会好得多。

3. 父母可以主动向孩子吐露心声

沟通是双向的，要想让孩子畅所欲言，让孩子打开心扉，首先父母就要抛弃只听不说的偏见，放下架子，让孩子了解自己，才能消除神秘感和沟通障碍，与孩子平等地交流，做孩子的朋友。

当然，向孩子吐露心声重在"吐露"，而非"诉苦"或者"责怪"。生活中，的确有一些父母，经常对孩子谈及自己的生活和工作状况，但却达不到与孩子沟通的效果。他们经常会说："你个不争气的，我这么辛苦为了谁，还不是为了你？我一天到晚在外面多辛苦，你知道吗？"这是诉苦，是责怪，孩子并不会因为父母的这几句话就能明白父母的艰辛。相反，在父母的负面情绪影响下，他们感受不到家庭的温暖和爱，会变得更叛逆和无法管束。

总体来说，父母既要关心孩子的学业成绩、生活起居，也要关注孩子的内心需要以及品德、行为习惯的培养，做孩子的知心朋友，了解其心理发展的过程，为其提供所需要的成长环境，使其获得更多的力量与信心，才能与孩子一起成长！

为什么你的孩子开始疏远你

父母的烦恼

某周六的早上,六点钟就起床的吴先生洗漱好之后去敲儿子的房门,并说:"小伟,起来,我们去跑步,别一到周末就只知道睡觉、玩游戏。"

"太土了吧,要是被我们班同学看见,周一我就成班上的笑话了。"

"跑步怎么就土了?"

"跟你说不明白,我困死了,别打扰我。"一听到儿子这种态度,吴先生火冒三丈,准备踹门进去,却被妻子一把拦住了。妻子劝了半天,总算把丈夫的火压住了。

那次之后,吴先生一看到自己的儿子就生气,而他的儿子也不愿意和父亲说话。就这样,父子之间的关系慢慢变僵了,有时候,吴先生明明想看看儿子在玩什么新游戏,也不好意思开口,而儿子遇到不会的习题,也不愿找父亲指导。

我们都知道,家庭是社会的细胞,而在每个家庭中,孩子是核心,父母都希望与孩子的关系密切、无话不谈。曾几何时,孩子偎依在父母身旁,听父母讲故事,向父母讲述他们在学校的趣事,与父母分享他们成长的经历。但随着孩子的成长,尤其是当孩子进入青春期后,他们开始厌烦父母的唠叨,甚至开始疏远父母。有些父母对孩子的心理和行为不解,甚至会对孩子发脾气,于是,亲子之间的关系很容易变得紧张,甚至无话可说。

"看到孩子总是以一副不耐烦的神情跟我说话，我的脾气也不会好到哪里去。他声音大，我的声音就要更大，人在情绪上头的时候，哪里顾得上风度、民主，我就记得我是他老爸，怎容得他这么放肆？其实，他如果以冷静的态度跟我分析他的想法，我又何尝会倚老卖老呢？我都这么大年纪了，怎么会不讲道理呢？"可能很多父亲面对青春期叛逆的孩子，都是这样的想法。

青春期是每个孩子必须经历的身心发展的重要时期，也是孩子的心理断乳期，有种种的表现和心理发展特征，让孩子做出不如父母意愿的事情。父母无法应对孩子突发而来的状况，导致一些亲子关系出现了问题，造成孩子的烦躁，父母的困惑。

实际上，青春期对整个家庭来说都是一个动荡期，孩子开始疏远、反叛，作为父母，心里自然不好受。其实作为父母，也应该重视青春期孩子的身心变化，及时调整教育方法，否则，亲子关系很容易变得紧张。

心理支招

1. 和孩子一起成长，真实感受青春期孩子的情感

国内外的许多研究证明，经常与父母在一起的孩子，不仅智商高，而且意志坚强。其实，父母也经历过青春期，也能体会这期间身心上的巨大变化。因此，父母可以和孩子一起成长，和孩子一起体验青春期，这既可以缓解双方的不适，也可以一同幸福地感受成长的过程。当然，这里的"一起"，并不是空口说说而已，而是需要作为父母的你放下架子，真正走入孩子的世界。比如，父母可以：

和孩子一起学习。父母要以身作则，给孩子树立榜样，有意识地培养孩子的学习习惯，如孩子做作业时，你可以拿张报纸或者拿本书，和孩子一起学习。

向孩子请教当下最流行的游戏玩法，这样，孩子才不会因为觉得你过时而

产生代沟。

对于处在青春期的孩子来说，父母的引导和关怀是不可缺少的，即使你工作忙碌，不能每天陪伴孩子，也可以通过电话、E-mail等方式对孩子施加积极的影响。也就是说，要将你的爱在时间、空间、情感上都表达到位。

2. 缓和教育时的口吻

父母要明白，孩子正处于青春期，用以前的教育方法，尤其是强制的、严厉的、简单粗暴的家长作风式的教育，显然是不管用了，那样只能让孩子的心离你越来越远。或者说，是不能与孩子目前的心理特征相匹配的。

因此，你一定要记住，虽然孩子已经长大了，但他们的心灵还是非常脆弱的。你若想走进孩子的内心世界，就必须要心平气和地和孩子交流。

3. 在一些共同体验的活动中与孩子建立友谊

你可以和孩子一起参与一项有难度的活动，比如徒步旅行、参加篮球比赛等，并和孩子一起克服困难。人们与那些"同甘苦、共患难"的人更易建立友谊，青春期的孩子也是如此。

同时，你应该成为孩子的精神支柱，当孩子情绪易起伏、自我控制能力不强时，应做孩子精神上的"镇静剂、安慰剂、止痛剂"。在这个过程中，他们会再次感受到父母之爱的伟大，这对于亲子关系的修复以及巩固都能起到很好的作用。

我国著名教育家孙敬修说过：孩子的眼睛是录像机，孩子的耳朵是录音机，他们会通过这些将长辈的行为记录下来，也就成了孩子待人处世的榜样。因此，无论父母做得好不好，都已经被孩子看在眼里。对于那些青春期的孩子来说，他们会出现很多意想不到的问题。父母应放下长辈的架子，陪伴孩子一同成长，感受这个时期的幸福和快乐，并做到语言、行动得当，亲子间保持良好的沟通。这样，青春期的亲子冲突大部分都能避免。

了解你的孩子，才能和他做朋友

父母的烦恼

杨太太是一名家庭主妇，虽然生活不是大富大贵，但她很满足，因为她有个可爱又听话的儿子。但不知道为什么，孩子上了初中后，似乎一下子变了很多。

这天晚上，为了庆祝儿子期中考试考入前五名，丈夫早早地下了班，和杨太太一起做了一桌子的菜。饭桌上，杨太太一脸笑意，夸奖儿子学习努力。

"你们班这次考第一的还是秦箫？"杨太太顺口问。

"嗯。"儿子很冷淡地回答。

"秦箫这孩子从小就聪明，平时也很有礼貌，见到我们都很热情地打招呼，以后肯定是个重点大学的苗子。"杨太太说。

"得了吧，就她？整个就会'装'，我们班同学都很讨厌她，马屁精，也就老师喜欢她。"听到杨太太的话，儿子很气愤地辩驳道。

"那她总归是第一名啊。"

"切，第一名又怎么样，没人稀罕……"说到这儿，儿子更气愤了。最后，他放下碗筷，说了一句："我去看电视了，你们慢慢吃。"就走了。这一举动让杨太太感到非常奇怪。

为什么杨太太夸奖其他孩子，他的儿子嗤之以鼻呢？其实，这是一种青春期逆反心理的表现。青春期孩子独立意识开始慢慢增强，并有了自己的想法，此时，他们更希望父母以及周围的人把自己当作成人来看。但实际上，他们在父母眼里还是孩子。因此，为了让父母对自己改观，他们一般会以唱反调的方式来标榜自己。而这里，杨太太夸奖的是其他孩子，那么，在她儿子的眼里，自己自然不如母亲口中的这位同学，这就更加引起了他的不满，最后，本来其乐融融的气氛变得僵硬起来。

很多父母都感叹，为什么孩子到了初中之后话越来越少、人越来越"叛逆"，甚至无论父母说什么，他们总是不屑一顾、嗤之以鼻？他们的价值观有问题吗？其实并不是，青春期的孩子是一个渴望脱离父母庇佑的群体。然而，他们并不能完全独立生存，不能独立面对生存的压力、学习上的困扰等，此时，他们只能"空喊口号"，在"行为语言上"反抗父母。于是，和父母唱反调就成了他们宣告独立的重要方式。

然而，孩子的这一态度无疑给亲子关系带来了障碍，让很多父母无所适从。那么，作为父母，针对这一问题，该怎样与孩子好好相处呢？

心理支招

1. 孩子不认同的事或物，父母应了解原因

很多父母一听到孩子反对自己的观点，不问原因，就加以斥责。长此以往，孩子自然会疏远你。而如果你给孩子辩驳和阐述理由的机会："这件事，爸爸想听听你的看法……"有时候，孩子的世界是大人所不能了解的，但却并不是无理的。父母只有试着倾听，才能了解孩子。

2. 进入孩子的世界，让孩子慢慢喜欢你

有位母亲这样讲述自己的教育经验——儿子喜欢什么，妈妈就去学什么。

"儿子初三的时候，就已经长到180厘米，酷爱打篮球。而我对篮球一窍

不通，为了打入儿子的圈子，我专门去查资料，NBA、乔丹、科比、姚明……周末的时候，我会主动跟儿子交流：'晚上有NBA的比赛，我们一起看。'儿子当时特别兴奋。他会觉得妈妈很了解我的爱好，妈妈很'潮'，跟别的家长不一样。"

"儿子对家长认可了，自然也就乐意跟家长聊天了，这样家长关于学习和生活的提醒他也就肯听了。其实，处于青春期的孩子也很要面子，家长一定要把他们当成大人看待。有一次，我在路上遇到了儿子的同学，便很真诚地对同学说：'很高兴我的儿子有你这么要好的同学，欢迎你经常到我家玩。'事后，儿子很高兴，他觉得妈妈很尊重他的同学，让他很有面子。第二天放学后，儿子兴奋地跑来说，那位同学夸妈妈'很有气质、很优雅'。"

3. 尝试跟孩子交朋友

事实上，青春期的孩子特别渴望交朋友，这就是为什么他们会有自己的朋友圈子而不愿与父母交流、对父母的观点嗤之以鼻的原因。父母如果和孩子成为朋友，那就不会再为不知道怎么跟孩子交流而烦恼了。

当然，父母一定要放下架子，主动去和孩子交往。比如，针对上网这一问题，你不能盲目反对，因为孩子在上网时，也会有收获。看看孩子在上网时最爱干点什么，那你就去了解一点，应该就能找到一些共同语言。另外，如果孩子爱玩游戏，那么，在你的休息时间，试着跟孩子一起玩玩，就能让孩子更加喜欢你。当然，在游戏的选择上，可以挑一些竞技类或娱乐类的，娱乐的同时培养孩子的竞争意识。

与青春期孩子沟通，千万不要唠叨

父母的烦恼

大宝是某中学高二的学生，也是一个三口之家的独生子。他就是家里的"小皇帝"，爸爸妈妈生怕他遇到什么不开心或者委屈的事。可以说，除了工作外，他们把所有的精力都投入到大宝的身上，而大宝也一直感觉自己很幸福。可是一上中学后，特别是到了高中，大宝的爸妈发现，儿子变了很多，好像心里总是有很多秘密，而儿子也不主动与自己沟通，这让他们很担忧。他们努力想改善现在的关系，于是，在大宝生日那天，他们特地带着大宝去了他最喜欢的自助餐厅。

来到餐厅后，妈妈取了很多大宝爱吃的食物，然后和爸爸一起对大宝说："生日快乐！"他们本以为大宝会开心地一笑，没想到大宝很冷淡地说了一句："谢谢。"这让他们很意外。

"为什么，你不开心吗？记得你小时候最喜欢我们给你过生日了！"妈妈疑惑地问。

"没什么，吃吧。"大宝依旧低着头，轻声说。

"大宝，你要是遇到什么学习上的问题，一定要跟妈妈说。"妈妈继续说。

"真的没什么。"大宝已经有点不耐烦了。

"可是你今天真的很不对劲啊，你要是不跟我说的话，明天我去学校问老师。"

"你怎么总喜欢这样啊，烦不烦？"大宝的分贝提高了很多。

这时，爸爸打破了母子之间的尴尬，笑呵呵地说："我们的儿子长大了啊！儿子说说，今天在学校都发生了什么新鲜事儿啊？"

大宝抬起头，淡淡地说："没什么事儿，每天都一样，上课、下课。"爸爸不知如何接口，饭桌上一片沉默。

我们发现，这段亲子间的对话，毫无效果，其实原因是多方面的。作为母亲，大宝的妈妈在沟通技巧上还有待学习与提高：干巴巴的道理唠叨个没完没了，讲话的语气咄咄逼人，这都会让孩子觉得你很烦，自然不愿与你继续交流。

作为父母，我们都知道，青春期对于一个孩子来说，就如同暴风雨来临的夜晚，他们既"多愁善感"又"喜怒无常"，感情细腻又多变，因此，需要父母的呵护。一个不小心，孩子就可能出现学习成绩下滑、早恋或者结交一些不良朋友等现象。因此，父母都会对孩子的一举一动相当敏感，总是担心他们这个做不好，那个做不好的。其实父母应该相信孩子，给孩子独立的空间。有时孩子的一些行为不被父母认同，其实只要不是原则上的错误，不如让孩子自己去碰碰钉子。

此外，父母还要认识到，这一阶段孩子的独立性增强，总希望得到他人的承认和尊重，希望摆脱父母的约束，渴望独立。他们不愿意再像"小孩子"一样服从家长和老师，他们希望获得像"大人"一样的权利。因此，青春期的孩子，最讨厌的就是父母的唠叨，他们会觉得父母很啰唆！

父母本来应是孩子最愿意倾诉衷肠的对象，可到了青春期，这种情况往往就改变了。父母的问候变成了唠叨，甚至招来孩子的厌烦。虽然处于这个时期的孩子渴望倾诉，渴望被理解，但他们更像一个个锋芒毕露的刺猬，这就使父母与孩子沟通面临着很大的障碍。那么，父母在这种情况下应该怎么做呢？

心理支招

1. 少说话，善于察言观色

日常生活中，父母对孩子的关心不一定全部要通过语言来体现，不妨学会察言观色，从一些小细节上发现孩子细微的变化。

另外，与孩子交流，父母要对孩子的反应敏感些。孩子对谈话内容感兴趣时，可将话题引向深入，一旦发现孩子有厌烦情绪，就应立即停止，或转移话题，以免前功尽弃。另外，即使找到与孩子交流的话题，也应力求谈话简短有趣、目的明确，切忌啰唆，以免造成切入点选择准确，但交流效果不佳的情况。

2. 用"小纸条"代替你的唠叨

沟通不一定是"用嘴说"，用小纸条也是不错的方法。

小杰是个单亲家庭的孩子，他的母亲在他三岁的时候就去世了。他的父亲就"身兼母职"，独自抚养小杰。父亲因为经常出差，所以出门前总会在冰箱上留一个便条："里面有一杯牛奶，三个番茄，请不要忘记吃水果。"在写字台上留张条："请注意坐姿，别忘了做眼保健操等。"

多年以后，小杰考上了大学，父亲为他整理东西时，竟然发现他把这些纸条全揭下来并完整地夹在书本中。父亲的眼睛一下子湿润了——原来孩子的情感之门始终是向自己敞开的，对自己的关爱也始终珍藏在心底。

3. 关心孩子不一定非得询问学习状况

2007年《钱江晚报》做了一个有关家长与孩子沟通的调查，结论是："在与孩子沟通的问题上，家长指导孩子学习的占70%，这就是问题的症结所在。"孩子的成才应该是全方位的，只抓孩子的学习，对孩子全面发展是极易产生负面影响。这些，是对任何年龄阶段的孩子实施家庭教育过程中都应该避免的。

为此，作为父母，若想和孩子沟通，就需要多关注孩子除了学习外的其他方面。如果你的儿子是个球迷，那么，你可以默默帮孩子搜集一些关于球赛的信息，孩子在感激后自然愿意与你一起讨论球技、赛事等；如果你的孩子爱唱歌，你可以在节假日为孩子买一张演唱会门票，相信你的孩子一定备受感动，因为他的父母很贴心。

这种类型的交流是"润物细无声"式的，它没有居高临下的压迫感，极具亲和力，孩子也更容易打开心扉与父母交流。

当然，让孩子打开心扉，与孩子交流的方式、方法远不止这些。但总的原则是：一定要让孩子觉得父母是在真正地关心他，并且是从心底里关心的那种。

> 孩子在青春期开始追求独立，渴望自我认同，常表现出对父母疏远。这种情感上的疏离可能让父母感到困惑和失落，但这是孩子成长过程中的一个自然阶段。父母可以给予孩子一定的自主权，让他们有机会自己做决定，体验成功与失败；另外，一起参加亲子活动也是个不错的选择，有助于培养他们的责任感和自信心。

第四章

青春迷茫，
父母要理解青春期孩子的成长烦恼

以细腻的心去感受孩子的心跳，理解他们的烦恼。

"大家为什么总是看不起我"——青春期的孩子更易自卑敏感

父母的烦恼

王女士是个心宽体胖的女性,虽然比较胖,但是她自信、开朗,人缘关系很好,大家都愿意和她来往。现在想起当年那些嘲笑自己的小伙伴,她一笑而过。

可是最近,王女士仿佛看到了当年那些场景再现:有一天,她在下班后来学校接女儿,就在学校墙角,她看到一群男生在欺负女儿。

"小胖妹,又矮又胖,将来嫁不出去咯。"

"这么胖,也跟人家一样穿紧身牛仔裤啊,真难看。"

"我见过她妈,哈哈,他们全家都是胖子啊。"

听到这些话后,王女士的女儿非常生气,她捡起地上的木棍,朝这些男生打了过去。看到这一幕,王女士赶紧走过去,准备拉女儿走开,但没想到女儿却对自己说:"都是你的错,把我生得这么胖,我才被同学们笑话!你滚开!"女儿发脾气的样子,真的让王女士震惊。

"难道是我错了,我以为女儿和我一样自信,这个咆哮的女孩子真的是我的女儿吗?"

事实上,和王女士的女儿一样,很多青春期孩子的心里都住着一个魔鬼——自卑。通常，我们都认为，那些自卑胆小的孩子脾气会更温顺，更听话，但事实往往相反。每个青春期的孩子都是敏感的，但那些自信、情绪外显的孩子，他们更善于抒发内心的情感，因而更懂得自我排解不良情绪。而那些自卑、内向的孩子，他们会把内心的不快郁结在心中，当他们的自卑处被揭露出来的时候，他们的脾气就会爆发出来，甚至一反常态。这就是王女士感叹："这个咆哮的女孩子真的是我的女儿吗？"的原因。

青春期孩子大部分时间都生活在集体中，自然很容易把自己和周围的朋友、同学相比。当自己的某一方面不如他们的时候，自卑感油然而生，他们会把这种不如人的想法积压在心中，甚至不愿意与朋友、同学相处。因此，他们往往很敏感，抱有很大的戒心和敌意，不信任别人，一点芝麻绿豆大的小事也会引发一场轩然大波。

那么，对于青春期的孩子来说，到底什么使他们自卑、敏感呢？

1. 学习成绩不如人

有些孩子因学习成绩差而过度自卑，对自己没有信心，经常为自己的成绩或其他方面的不足而苦恼，他们心理脆弱，有时会因此而离家出走，甚至会产生轻生的念头，尤其是在考试前后、作业太多或学习遇到挫折的时候。

2. 家庭条件不如人

有些孩子，家庭条件不好或者来自单亲、离异家庭，他们会认为自己矮人一截，生怕被同学、朋友笑话，时间一长，自卑心理也就产生了。

那么，作为家长，我们该如何帮助孩子消除自卑呢？

心理支招

1. 鼓励孩子以自己的方式追求自我

青春期的孩子都标榜个性张扬、个性解放，他们有自己喜欢的发型、音乐、明星、服装等。而父母却无法接受甚至看不惯孩子的这种表达个性的方式，父母有自己的审美眼光，他们会认为孩子的这种行为是哗众取宠。而实际上，这是孩子内心世界的一种表达，是疏导青春期不良情绪的一种方法。如果家长加以压制，表面上看，你的孩子会听话、懂事，但实际上，他们会觉得自己落伍了、脱队了，自卑心也很容易因此而滋生。例如，别人无意间说一句"你穿的衣服真土"，孩子就会怀疑自己的穿衣品位和审美眼光，不仅如此，孩子还可能会产生郁闷、愤怒等情绪。

2. 教会孩子掌握一些消除自卑的方法

其实，每个孩子身上都有无法代替的优点和潜能，你需要教会孩子懂得自我发现并发挥出来，那么，他就能自信起来。你不妨告诉孩子以下方法：

想一想：对于挫折，你要换个角度来想，挫折和失败是对人的意志、决心和勇气的锻炼。人是在经历了千锤百炼后才成熟起来的，重要的是从中吸取经验教训，不犯或少犯重复性的错误。

比一比：与同学、好友相比，这没错，但不能只看到自己的缺点和不如人的地方。要这样想，我虽说比上不足，但比下有余。及时调整心态，以保持心理平衡，不因小败而失去信心，不因小挫折而伤掉锐气。

走一走：到野外郊游，到深山大川走走，散散心，极目绿野，回归自然，荡涤一下胸中的烦恼，清理一下混浊的思绪，净化一下心灵的尘埃，找回失去的理智和信心。

作为家长，我们都知道，如果我们总是用消极的心态对待一切事情，那不但什么事情都做不好，还会使自己产生无能、绝望的情绪。所以，在日常生活中，家长应该时刻引导孩子，遇事要多向积极的方面考虑，用乐观的心态看待一切事情等。当孩子拥有积极的心态后，他们往往就能很自然地保持积极的自我情感体验了。

"我不要你管！"——青春期孩子为什么不愿意听父母的话

父母的烦恼

刘先生是一个单亲爸爸，在儿子小文还很小的时候，妻子就去世了。一直以来，他和儿子的关系都很好，小文也很听话，但最近一段时间，他在教育儿子上，却遇到了很大的麻烦。

小文是一所名校初中二年级的学生。前几天，小文的班主任打电话给刘先生，刘先生一接电话，就知道是儿子在学校出了事情。班主任说，小文最近情绪不太好，学习劲头很不足，成绩下滑很厉害，希望刘先生能多关心和帮助孩子。听到班主任这么说，刘先生自己也很伤脑筋，他说："其实，我也很纳闷。小文一直都很听话，可是不知从什么时候起，他根本就不愿意和我说话，一回家就躲进自己房间。有一次，我实在看不下去，就跑到他房间去问他在学校的学习情况，他竟然把我推出了房间。"

在刘先生的印象中，儿子一直是个乖巧懂事的孩子，"他小时候很听话，学习也很努力，自己考上了这所名校，当时我觉得很骄傲。可自从上了初中，听话懂事的孩子变了，问什么都不说，还总嫌我烦。他的成绩也大不如以前，眼看着就要上初三，他现在这样的学习状态可怎么办？一个人带孩子很不容易，而且我现在的工作压力也很大。"

听到刘先生的烦恼后，班主任答应自己亲自开导小文。当班主任问小文为什么变得不听话的时候，小文的回答让张老师吃了一惊："我都14岁了，再听父母的话，会被同学们笑话是长不大的孩子。"

可能很多家长都和刘先生一样，对孩子的突然不听话感到莫名其妙。于是，他们总是把自己的想法说给孩子并责问孩子。但是孩子究竟在想什么？最近的心理状况怎么样？父母往往没有关注到。其实，这是青春期孩子叛逆心理的正常表现。

当孩子进入青春期时，他的身体发育加快，当他的思维发展到一定程度时，开始思考自我，思考人生，也开始被身心成长过程中的很多问题所困惑。此时，他想要去挣脱这些困惑，这是人的生存本能。尤其是他从小到大始终在家人的呵护下成长，所以当他发现现在遇到的事情和情况很麻烦时，便会感到手足无措，但是又不知道如何和家长说明，这种困惑和无助，致使他在挣脱困惑时趋向于独立，于是他就什么事情都不告诉家长，也讨厌家长"多余"的帮助。无论家长说什么都不听，对家长的建议不加思考地一律做否定回答，这就是叛逆！

所以，大部分青春期的孩子都认为，长大的孩子就不应该再听父母的话了，其实这是一种不成熟的表现。对此，家长一定要加以引导，让孩子正确判断是否该听父母的话。

心理支招

1. 不要让孩子盲目听话

童话大王郑渊洁说他从来没有对自己的孩子高声说过一句话，也从来没有说过"你要听话"。"因为我觉得把孩子往听话了培养那不是培养奴才吗？"因此，孩子不听话时，你不妨告诉孩子："爸妈并不是要你盲目地听我们所说的每一句话，什么都听话的孩子就是庸才。"这样说，会很容易让孩子感受到父母对自己的理解。

2. 鼓励你的孩子有自己的思维方式

你不妨告诉孩子这样一个故事：

一位幼儿教育专家到国外看到一个幼儿用蓝色笔画了一个"大苹果"，老师走过来说："嗯，画得好！"孩子高兴极了。这时中国专家问老师："他用蓝色的笔画苹果，你怎么不纠正？"那个老师说："我为什么要纠正呢？也许他以后真的能培育出蓝色的苹果呢！"

其实外国老师或家长容忍孩子"不听话"是有道理的，这样可以保护孩子的想象力，激发孩子的创造力。

同样，青春期的孩子，他们也有自己独特的思维。作为家长的我们，如果用成人的思维方式对他们粗暴地干涉，就会扼杀他们的想象力和创造力。

3. 给孩子一个行为标准

这个行为标准的制订必须是和孩子已经站在统一战线的前提条件下，也就是孩子认可有时候父母的话是正确的。

此时，你应该告诉孩子一个原则和一个标准。在这个标准下，他知道什么应该执行，什么应该坚决反对，掌握好这个度就可以了。不是不管他们，而是怎样合理地管的问题。

因此，综合来看，对于青春期孩子不听话这一问题，我们一定要辩证地看。我们不需要培养那种盲目听话的"乖孩子"，因为"乖孩子"真正成为社会精英、业界尖子的并不多，他们大多在一般劳动岗位上工作。当然，并不是说"不听话"的孩子就一定聪明，出尖子。孩子的"听话"应更多地体现在生活规矩、行为道德上，而青春期孩子天性叛逆，有自己的想法，父母应做出正确的引导，使孩子更好地度过青春期。

"我非要和你不一样！"——青春期孩子为什么会产生对抗心理

父母的烦恼

在某中学的一次家长会上，很多家长纷纷提出，孩子到了初中后脾气就变坏了，父母的话根本听不进去，甚至还公然和父母对抗。

"女儿上小学时很乖巧懂事，叫她做什么就做什么。自从上了初中就跟变了一个人似的，老说我唠叨，多说一句就厌烦我，摔门就走。我为她做了这么多，还不领情！"

"儿子13岁，年前还是个很听话的孩子，过完春节就不行了，学习成绩急速下降，偷着上网吧，作业也不做。我现在处处监督他，可是越管越不听，特别逆反，老跟我顶嘴，和我对着干。求他也不是，骂他打他也不是。我没招了！"

这样的场景，相信很多家长都遇到过。我们会发现，孩子到了青春期后，好像总是故意和自己作对，总和自己唱反调。很多父母感叹："我让他往东，他就是往西。""我说的话，他就没有听过。"的确，青春期的孩子，常常会产生逆反心理。逆反心理是指人们彼此之间为了维护自尊，而对对方的要求采取相反的态度和言行的一种心理状态。

其实，作为父母，我们自身也应该反思：你理解孩子吗？你真正聆听过孩子的想法吗？孩子有自己的想法，需要家长聆听。有时候他的心里没有太大的事情，只是想找个对象倾诉一下，把内心的烦躁说出来，这个时候你的唠叨反而让孩子更加烦躁。

这里说的聆听，是需要父母用心去聆听，用心去感受孩子成长的变化，来合理地引导孩子。好的教育是让你的教育方式适应孩子，而不是让孩子来适应你的教育方式。不要以为以前的教育方式就是正确的，那是因为孩子还太小，处于弱势，没有拒绝的权利和抗拒的能力。而到了青春期，孩子就敢于对家长说"不"，敢于"抗旨"，而家长也开始变得困惑、生气、抱怨、伤心……

心理支招

1."五分钟后再谈"

任何教育方法都需要以父母能够控制住自己的情绪为前提。在气头上的父母，怎么会有能力、有智慧运用良好的方法呢？

"五分钟后再谈"。面对孩子的事情，给自己留五分钟的冷静时间。冷静下来，你会发现其实没什么大不了。孩子走进青春期，需要父母用耳朵、用心去倾听孩子，理解孩子。

2. 做出一些让步

让步可以在很多时候表明你欣赏孩子的成熟，并意识到他对更多自由和自主的需求。

这里，我们需要明白以下两点：

（1）可以商榷的。对于那些不影响学习、不涉及孩子生活质量和生活习惯的，就是可以商榷的。比如，睡觉时间、发型、衣服的样式，这些是可以商榷，并达成协议的。

（2）不可以商量、妥协的。不符合以上原则的，也就是不能商榷的，比如，孩子不做作业、抽烟喝酒等，就绝不能妥协。即使孩子与你争吵，你也不必害怕破坏与孩子间的关系而一味妥协让步，你可以通过规定限度与制订标准来规范孩子的行为。

事实上，即使父母们的规矩不多，他们也不会得到青春期孩子的"较高评价"。父母可以通过交流与让步避免强烈冲突的发生，但是必须制订一些标准，这是让孩子学会自律的主要方式之一。

3. 契约法

父母之所以唠叨，孩子之所以发脾气，都是因为在某些问题上没达成一致，于是，孩子还是继续挑战父母的极限，他高举着"我青春期了，我要……"的大旗。明明规定的是8点半之前回家，但是最近孩子频频违规，早则9点，晚则10点多才回家。面对这样的孩子，你会怎样做？

对此，我们可以采用契约法：

如果你是一个事必躬亲的家长，连孩子的饮食起居、学习、情感都想掌控的家长，那么，你必须做出一些改变。

新学期一开始，陈新为了能让唠叨的妈妈"收敛"点，就想出了一个好主意——准备了一份合同。这天，当妈妈又在饭桌上说些老生常谈的话题时，陈新把筷子一放，站起来郑重地说："妈妈，咱们签份合同吧！"

合同是这样的：

（1）以后妈妈不在吃饭时间问儿子的学习情况；作业不会时，妈妈不许发脾气，不许敲桌子，要耐心讲解；周末给儿子放松时间，不能硬性规定必须9点睡觉。

（2）儿子要主动跟妈妈谈心，不乱花钱，不瞒着妈妈做事情，每天洗自己的碗筷，叠自己的被子。

（3）合同有效期：本学期。

母子俩都签了字，然后按照协议行事，母子关系很快便得到了缓和。妈妈再也不在吃饭时间问个不停，陈新的变化也很明显：不乱花钱买玩具，按时写作业，还承担了家里的扫地任务。

其实，"契约教育法"的秘诀就在于：孩子的行为一旦约定俗成，家长就不用再三令五申，只需照章考核孩子的行为就行了。它可以帮助孩子自我反省，培养良好行为习惯，父母省去了许多说教，亲子之间的情绪冲突大大减少，孩子也会因此学会自主管理。

总之，青春期的孩子和父母唱反调，父母就要做出教育方法上的调整，该放手时要放手，教会孩子对自己负责，该信任的时候要信任，给孩子锻炼的机会，这样才能让孩子在体验中成长。

"都别招惹我！"——青春期孩子总是无来由地发脾气

父母的烦恼

一天，平时工作就非常忙碌的严太太被儿子老师的一个电话叫到学校，原来是儿子在学校闯祸了。可是令她不解的是，儿子一直很乖，连和人大声说句话都不敢，怎么会闯祸呢？

严太太匆匆忙忙赶到学校，问清楚情况才知道：原来是班上有些男生挑事，说严太太的儿子小强是"胆小鬼"。老师告诉严太太，班上传言，小强喜欢某个女生，但一直不敢说，这些男生知道后，就拿这件事嘲笑小强。而小强则因为这件事很生气，于是大打出手，体型高大的他把这几个男生都打得鼻青脸肿。

"我的孩子怎么了？"严太太很是不解。

一向乖巧的小强怎么会突然这么容易被激怒并向同学大打出手？日常生活中，如果我们被人叫做"胆小鬼"，兴许我们会生气，但情绪绝不会太过激动而做出一些伤人害己的事。其实，这与青春期孩子的情绪特点有关：

一是情绪体验迅速。也就是说，这一时期的孩子情绪很不稳定，来得快、去得也快。

二是情绪活动明显呈现两极性。他们的情绪活动很容易由一个面转换到另一个面，甚至由一个极端走向另一个极端。

三是情绪反应强烈。在情绪冲动时，理智控制作用减弱，很容易做出不计后果的过激行为。

案例中，小强出手打人还因为其心理承受能力差，当同学嘲笑其是胆小鬼时，一时激动的他便控制不住自己的情绪。

其实，心理承受能力关乎每个青春期孩子的成长状况。一个心理承受力强的孩子，情绪稳定，意志顽强，积极进取，敢于冒险，乐于尝试新鲜陌生的领域，面对挫折和变化也能保持乐观，百折不挠，越挫越勇。而一个心理承受力弱的孩子，会表现得退缩，耐性差，懦弱，焦虑和自卑，面对困难缺乏坚持，面对自己不熟悉、不擅长的领域，宁可不做，因为不做就不会输。

我们的孩子将来会生活在一个充满变化的社会，他们将会面对职场的激烈竞争，复杂的人际关系，一生中也免不了遭遇情场失意，事业困境，生意败北……总有一天，我们要先我们的孩子而去，不如早点把世界交到他们手中。

他们心理承受能力的强弱，直接关系到他们的人生是否幸福。因此，帮助青春期孩子疏导情绪，强化孩子的心理承受能力，是父母给予孩子受益一生的珍贵礼物。

心理支招

1. 不要对孩子期望过高，更不能拿他与别的孩子比较

无论何时，父母都是孩子的天，如果孩子感受到自己让父母失望，那么，这对于孩子来说就是毁灭性的心理打击。

因此，作为父母，无论孩子学习成绩如何，无论孩子是否有特长等，我们都要调整好心态，为孩子的成长与进步而高兴和骄傲。我们要做的是"纵向比较"，比如，如果孩子这次的测验成绩比上次好，我们就要奖励孩子，鼓励孩子。"横向比较"，也就是拿自己的孩子和其他孩子比较，这永远都是要不得的。

2. 理解并鼓励孩子正确地宣泄自己的情绪

青春期的孩子是脆弱的、敏感的、容易受伤的，即使是男孩，他们也会悲伤沮丧。如果想要让孩子尽情宣泄，那就让他们去哭个涕泪滂沱，而不是劝孩子"别哭别哭""男孩子不能哭"等。我们可以告诉孩子："我知道你很难过。"或者什么都别说，给孩子独处的空间和时间去消化自己的情绪，帮孩子轻轻带上门就好。

3. "事件"结束后，帮助孩子正确处理情绪

等"事件"结束，心情基本平定后，父母再帮助孩子做自我反省，就能较理性、客观地看待分析；反省的另一层意义是，再一次经历当时的情绪波动，但脱离了"现场"，情绪压力再一次释放的同时也得到缓解。

总之，青春期是孩子们心理波动较强的时期，在这期间，孩子的心理承受能力通常都比较差，一些小事都可能引起他们的过激行为。我们平时管教孩子时，要多注意他们的心理健康教育，并帮助他们认识自己的情绪，管理自己的情绪，让其保持稳定的心境！

"我想要获得他人关注"——爱穿奇装异服的孩子是什么心理

父母的烦恼

场景一：

杨先生的儿子今年14岁，上初二。某天，放学回来的儿子顶着一头黄头发，黄头发中间又夹染几撮红头发，还穿了一条满是破洞的肥牛仔裤，耳朵上有好几个耳孔。杨先生无法接受，就来到学校，希望老师能对孩子做出一些疏导。但令他惊奇的是，儿子班上大部分男生都是这个打扮。

事后，班主任老师对杨先生说："青春期的孩子就是这么叛逆，他们知道我们无法接受，但每次看到我们这些长辈和周围的人所表现出来的异样的目光，他们就洋洋得意，因为他们觉得自己受到了关注。"

场景二：

一名高中女生的家长说，平时她很少给孩子钱，但家里的钱放在哪儿从不背着孩子，前几天孩子竟然花了600多块钱给自己买了好几套衣服，批评她时她却不以为意。做家长的实在拿孩子没办法。

作为父母，你是不是发现自己的孩子最近变了，喜欢照镜子，摆弄头发，摆各种Pose；不再喜欢妈妈带她去剪头发，不再喜欢可爱的小萝卜头；漂亮的卡子和装饰品，成了女儿的最爱……你甚至会发现孩子喜欢上了一些新奇的打扮，让你无法接受。

青春期的孩子为什么突然变得这么爱美？其实，这只是孩子叛逆的一个方面。随着自我意识和好奇心的增强，他们希望自己活得有个性，希望成为周围人关注的对象。于是，很多青春期孩子会不遗余力让自己变得很另类。除此之外，为了使自己像个大人，更容易交到朋友，显得更轻松、潇洒、大方，许多青少年用零用钱吸烟、喝酒，有的女孩子在青春期过分追求穿戴打扮，更有16岁左右的中学生与同学传出恋情……家长每天都在管孩子，可孩子们依然我行我素，有时家长管严了，孩子竟以离家出走相要挟。这些青春期叛逆的孩子让家长头疼不已。

通常，父母会忧心，不知道孩子心里在想什么？担心他们出现行为偏差或有更出格的状况发生，也怕孩子崇尚名牌乱花钱，更担心他们的安全。的确，青少年的逆反心理如果得不到及时合理的调适，就会发展成不可调和的矛盾或者难以愈合的伤口，就很可能导致他们做带有明显孩子气的傻事和蠢事，最终酿成悲剧。

心理支招

1. 不要大惊小怪，也不要直接批评孩子的审美观点

如果我们直接对孩子说："瞧你什么德行，你这样跟小混混有什么区别？"那么，孩子多半会立即反驳："你不懂，你不了解我的感受。"父母要多阅读一些流行信息，或学会抓住机会教育孩子。比如，跟孩子外出在地铁或路上，看到穿露臀低腰裤的女孩，跟孩子讨论："你如何看待穿着暴露的女孩子？""女孩子如果穿着暴露的衣服走在大街上，你感觉如何？""你认为这样穿好看吗？""你喜欢这样穿吗？"逐步引导孩子思考。

2. 真正关心孩子，不要只在意孩子的学习成绩

生活中，有些父母工作太过繁忙，他们只关心孩子每次的考试成绩，甚至孩子换了一个新发型、穿了一件新衣服，他们都没察觉出来。于是，这些孩子就采用一些新奇的打扮、怪诞的行为来引起父母的关注。

对于上述情况，作为父母的你，一定要对孩子说："对不起，爸爸妈妈一直以来都忽视了你的感受！"真心向孩子道歉后，你必须要用行动证明自己在关心孩子，不仅要关心孩子的学习，更要关心孩子在生活中的细小变化等。你可以告诉他（她）："不错，今天这发型回头率绝对高！"得到父母的认可，他们对自身的形象会信心大增。

3. 引导孩子认识心灵美才是真正的美

很明显，我们都明白，只有良好的道德品行才会得到周围人的认同。但对于青春期的孩子来说，他们并不一定有这一层次的认识。因此，作为父母的我们，不妨用事例引导："爸爸今天在回家的路上救了一位差点被车撞的老大爷，周围的人个个都竖起了大拇指。"或者和孩子一起观看具有启发意义的电影、电视剧等。另外，还可以和孩子一起评价周边的人。在这个过程中，给孩子传递"我们虽然要注重外表，但是内心的美才是最重要的"，让孩子的思想在潜移默化中得到改变。

总之，孩子们的叛逆需要的不是我们大呼小叫的训话，也不是我们无休止的打骂，他们需要的是我们合理及适度的引导和疏导。

锦囊

青春是一场绚烂的冒险，每一步都充满了未知与挑战。父母是孩子的

陪伴者、倾听者和引导者，以更加细腻的心，去感知孩子的每一次心跳，理解他们的每一份烦恼，用爱和智慧为他们撑起一片天空。正是这些烦恼与挑战，塑造了他们独一无二的灵魂，让他们在未来的日子里，能够更加坚韧不拔，光芒万丈。

第五章

让孩子爱上学习，
青春期孩子学习问题如何处理

做好父母，更要做好孩子的家庭老师。

为什么要努力学习——帮助孩子明确真正的学习动机

父母的烦恼

有一天，小伟和王刚在家里玩游戏。虽说那天是周六，但两人居然玩了一整天。当小伟的爸爸妈妈回来时，两人还在"战斗"中。小伟爸爸有点生气，但为了教育孩子，他准备语重心长地和他们聊聊。

"小伟，你以后的理想是什么？"

"当然是做建筑工程师了，盖摩天大楼。"小伟毫不含糊地回答。

"那你知道你现在的学习目标了？"

"当然喽，我中考要考上省里最好的高中，然后进实验班。"

"那刚子，你呢？"小伟爸爸转过来问。

"我还不知道呢，走一步算一步吧。"

"那你学习是为了什么，你知道吗？"

"为了我爸妈啊。我考好了，他们在单位同事面前就很有面子了。"王刚得意地回答着。

"刚子，你这么想就不对了。我们学习都是为了自己，爸妈在同事面前夸你，是因为他们高兴，最终受益的是我们，知道吗？"小伟纠正道。

"小伟说得对，刚子，你这种想法可不对。谁都希望子女比自己强，辛辛苦苦地供孩子读书，也是希望孩子以后能有好的生活。"小伟爸爸补充着。

"怪不得我平时老不爱学习，是因为我没有学习动力，是吗，叔叔？"

"是啊，给自己确立一个目标，努力朝目标奋斗，你会看到，成功将离你越来越近。"

经过这一番谈话后，王刚来找小伟的次数明显少多了。原来，他是躲进书房学习去了。在接连几次的月考中，王刚的成绩提升得很快。

青春期的孩子正处于身心发展时期，更是学习发展的绝佳时期。孩子学习没有动力，是由于缺乏学习动机。

任何人做事都有动机，学生学习也是如此。只有真正找到自己学习是为了什么，才会为之付诸行动，才有学习的动力。缺乏学习动机的孩子，一般都有以下表现：讨厌学习，上课开小差，思想不集中，不能按质按量地完成作业，学习活动、学习时间少，学习不努力等。他们总是为自己的学习寻找借口，拖延时间，用其他活动来取代学习活动，占用学习时间。

那么，造成孩子缺乏学习动机的原因是什么呢？

影响孩子学习动机的因素有很多，包括其自身需求、家庭因素、学校的教育模式等。比如，作为父母，都希望自己的孩子以后能飞黄腾达，为自己争面子，而这一"自私"的想法，就很容易让孩子产生逆反心理，认为自己学习是为了父母的面子；中国的学校都以升学率为教学目标，这种单一化的教育目的不符合孩子的心理需求，也会影响孩子的学习动机。另外，社会上的一些拜金主义、读书无用论等价值观念，都会影响到孩子的价值取向，进而影响孩子的学习动机以及学习的积极性。

因此，作为父母，要帮助孩子明确学习的目标，使其找到学习的动机。

> 心理支招

1. 告诉孩子学习是为了自己

在青春期，很多孩子对自己的人生路途比较迷茫，不明白自己为谁读书，为谁学习。更多的孩子则认为学习是为父母学习，为了给父母争面子。这种学习态度直接导致了孩子对待学习和生活冷漠，没有热情，对什么都没有兴趣，觉得整个世界都是没有意义的，整个人看起来都无精打采，对什么都不在乎。

其实，作为父母，一定要告诉孩子：读书是为了自己，知识改变命运，获取知识，是为了让自己未来的人生路走得更加平坦。只有鼓励孩子思考自己为什么读书、为谁读书，考虑清楚这个问题，他才能找到真正的学习动机！

2. 阐述自己的经验，告诉孩子学习的重要性

孩子年幼的时候，可能不懂为什么父母要自己好好读书。但在青春期时，父母应有意识地向孩子阐述自己的经验。比如，你可以告诉孩子：在这样一个竞争十分激烈的社会中，没有知识，就等于没有生存的本领，每个人都在用知识为自己的未来打拼。寒窗苦读的过程的确很辛苦，但这是任何人立于世的必经过程。

孩子有了这样的心态，即使他们在学习过程中遇到了很大的压力，也能找到适当的方式发泄。总之，孩子有了正确的学习动机和目标，学习起来才会精神抖擞，才能以更好的姿态朝目标迈进！

学习时间总是不够——一份合理的学习计划有助于提升学习效率

父母的烦恼

学校每个月的家长会又要召开了,这次家长会的主题是"如何帮助孩子高效地学习"。家长会的目的也就是众多的家长一起交流心得,互换教育的意见,为孩子找出更好的学习方法。在这一点上,周太太似乎很有经验。

"周涵涵是怎么学习的呀?"很多家长凑在一起讨论。

"听说,你们家涵涵并不是每天晚上做题到深夜,我每天罚我们家王刚做很多习题,可是学习成绩就是不见好啊,这是怎么回事呢?"

"是啊,我看我们家儿子也是,每天回来都忙忙碌碌的,有时候,饭都顾不上吃,努力学习,可学习成绩还是处在中等水平。"

"孩子进了初中,就不能再让他以小学时候的学习方法学习,得重新帮他制订一个合理的学习计划,孩子才能高效地学习呀,不然学没学好,玩没玩好,孩子是两头受累啊!"周太太一句话惊醒了在座的很多家长。

可能很多父母会发现,你的孩子很懂事,即使你不叮嘱,他也会主动学习。当孩子进入青春期后,也逐渐认识到了学习的重要性,认识到初中课程量的加大、学习的紧张等。于是,当他跨入初中大门的那一刻起,他就决定要做个优秀的学生,努力学习,希望仍然可以走在队伍前列。但事实上,他们似乎总是力不从心,似乎总是感觉时间不够用,学习效率也很低。这是为什么呢?

其实,孩子是缺少一个合理的学习计划。合理的学习计划是提高孩子成绩的行动路线,是帮助孩子成功的有力助手。没有学习计划,学习便失去了主动性,东抓一把西抓一把,以至生活松散,学习没有规律,抓不住学习的重点,因而总是被其他同学远远地甩在后面。

> **学习计划**
> ① 复习当天所学内容,多读记要点
> ② 做今日课程相关练习题
> ③ 听读2~3篇英语课文
> ④ 阅读课外书籍
> ⑤ 预习第二天课程

因此,父母要切实指导孩子制订合理的学习计划。制订一份合理的学习计划,就等于为孩子找到了促进学习进步的金钥匙。帮助孩子制订严格的学习计划,养成守时、有序、高效的好习惯,是孩子一生受用不尽的财富。从人生成功的角度讲,统筹规划的意识和能力是一个要做大事的人取得成功所必须具备的一项重要素质,而这种素质只能在从小就习惯制订具体的学习计划并严格执行的实践中培养形成。

当然,孩子的学习计划应该由他自己来制订,父母所要做的应该是从旁边协助:帮助孩子把学习计划合理完善,监督孩子的执行,结合实际提出修改意见等,而不是越俎代庖,按照自己的想法亲自制订。

那么,父母应该怎样帮助孩子制订学习计划呢?

心理支招

1. 合理安排时间，制订出作息时间表

比如，你可以让孩子制订出一张作息时间表，让他在表上填上那些非花不可的时间，如吃饭、睡觉、上课、娱乐等。安排这些时间之后，选定合适的、固定的时间用于学习，必须留出足够的时间来完成正常的阅读和课后作业。完成这些后，你要看看他在时间上的安排是否合理，比如，每次安排的学习时间不要太长，40分钟左右为最佳。学习不应该占据作息时间表上全部的空闲时间，总得让孩子给休息、业余爱好、娱乐留出一些时间，这一点对学习很重要。一张作息时间表也许不能解决孩子所有的问题，但是它能让你了解孩子如何支配时间。

2. 学习任务明确，目标切合实际

孩子制订完学习计划后，父母应当加以审核，要确保孩子学习任务明确，目标符合实际。因为很多孩子制订学习计划时，总是"雄心勃勃"，一天的时间恨不得要完成一周的任务。这样不切实际的目标往往是导致计划不能正常执行的主要原因。

还有一些孩子，制订的学习计划很模糊，比如，晚饭后背外语，睡觉前温习课文等。这种计划看似没有什么错误，似乎也足够具体，但实际效果并不如意。因为，这种任务虽然可以给孩子一种学习的方向感，但并不具体，以至于孩子到了执行计划的时候，会不知从何开始。如果把目标再具体到：晚饭后背10个单词，睡觉前温习第几课课文，晚上8：30整理出三角形公式，这样效果会更好。而且如此具体的任务分配也有利于孩子完成自检。

3. 学习计划应与教学进度同步

父母在帮助孩子制订学习计划的时候，一定要注意与教学进度同步，只有

这样，孩子才能把预习和复习同时纳进学习计划中。这就要求，在制订学习计划时，要以学校每日课程表为基准，参照学校老师的授课进度，再让孩子结合自己的学习状况制订计划。

4. 计划应该简单易行且富有弹性

正常情况下，计划都应该严格按时完成，但孩子的生活要受很多因素影响，难免会有特别的情况，所以就要求计划不能过于死板，要有一定的灵活性，不至于因为一个环节不能完成而打乱后面的所有计划。

父母在帮助孩子制订计划后，还要监督和协助孩子执行计划，通过科学安排、合理利用时间来达到这些目标。同时，还要把充足的睡眠、健康的饮食与有序的学习相结合，否则，即使再完美的计划，也只是纸上谈兵！

青春期孩子厌学情绪大——帮孩子挖掘自己的学习兴趣

父母的烦恼

钱先生儿子小伟的成绩一直很好，但永远是第二名，因为第一名总是被一个叫"韩博士"的男孩拿走，三年下来，几乎岿然不动。但最近这几个月，小伟居然稳拿了几次第一。

为了奖励小伟，钱先生决定开一次"学习心得交流会"，没想到，小伟却说："那个'韩博士'退学了。"

"为什么？"

"'韩博士'的父母很早就出国了，把他丢给了爷爷奶奶。爷爷奶奶对他关怀备至，让他衣食无忧，但生怕他在小伙伴中吃亏，所以他与同龄人的接触机会被剥夺了。同学们都说他太自私，不愿与他来往。他自己也将自己封闭在自己的小圈子里，一心向学。上初三后，他的心变得不安起来，看到班上的同学三五成群在一起聊天、说笑以及讨论问题，他感觉到更加孤独。他逐渐觉得自己读书不快乐，于是试着走近同学，但同学却不太理他，他自己也感觉融入不进去。渐渐地，他为上学发愁，为读书烦恼，上课不认真听讲，沉默寡言，心事重重，几乎不再拿出书本，学习成绩从全年级第一变成倒数。前不久，他爸妈回来了，给他办了退学，估计是去另外的学校了。"说完以后，小伟长叹了一口气。

"韩博士"之所以学习成绩下降，是因为失去了学习的动力，找不到学习的乐趣和动力。青春期是孩子长身体、长知识、长智慧的时期，也是其道德品质与世界观逐步形成的时期。他们面临着生理与心理上的急剧变化，加之每天周而复始的学习生活，很容易产生心理上的"变异"。一般表现在以下三个方面：

第一，不认真上课，注意力不集中，思维涣散，或者打瞌睡，或者做小动作，严重的还会干扰其他同学听课。

第二，课下不愿意自主学习或者根本就不学习，对于老师布置的作业或者练习，也是草草了事或者根本就不予理睬。对考试、测验无所谓，只勾几道选择题应付了事，既不管耕耘，也不管收获。

第三，逃学，这是厌学最突出的表现，也是最严重的表现。这些学生总是找理由请假旷课，然后，外出闲逛、去网吧玩游戏等。严重者，甚至跌到少年犯罪的泥坑。

毕竟，每个人做任何事，都是有目的的。如果孩子没有学习的目的，也就没有学习的动力了。一般来说，孩子除了学习外，都有自己的兴趣和爱好。作为父母，如果能正视孩子的这些兴趣并加以鼓励，并利用这种兴趣引导孩子明确学习的目的，那么，孩子就可能热衷于学习了。

心理支招

1. 挖掘孩子的兴趣

可能很多父母认为，孩子好像除了学习外，对什么都感兴趣。其实，这是一个普遍现象。曾经有一个调查显示：一方面，50名孩子中只有4名没有过对学习的厌烦情绪；另一方面，孩子的兴趣丰富多彩。另外，还有一个以"如果可以不按学校的课表上课，请孩子们自己给自己列一个课程表"为主题的调查，其结果是：

课程表

第一节	第二节	第三节	第四节
音乐	电影	异国风情	英语
物理	化学	物理	化学
自学	体育	英语	班会

从这一调查中可以发现，孩子们对于那些文化课知识，似乎都存在一定程度的厌烦情绪。为此，父母要在日常生活中多观察，发现孩子感兴趣的事物，从而引导其确定学习目的。在培养孩子的兴趣中，要给孩子一个机会，让他自己去品味，真正找到一种成就感，他可能就对学习有兴致了。

2. 把孩子的兴趣和学习联系起来，让孩子产生明确的学习目的

比如，父母可以这样问："你为什么对电脑游戏这么感兴趣呢？"

"因为我想当游戏的开发人员啊。"

"真没想到你有这样大的抱负，但游戏开发不是一个很简单的行业，一般人是进不了这个行业的。"

"那爸爸，您觉得怎样才能进入这个行业呢？"

"只有进入高等学府去深造，掌握大量的科学知识，在前人技术的基础上有所创造，才能更有机会进入这个行业。"

当孩子听完这些后，就会有一种想法：我必须考上大学，然后在这个领域深造，才能进入这一行业。这样，孩子就会真正明白：他应该去好好学习了。

而在这一过程中，整个交谈氛围是很和谐的，也使得亲子之间的感情在一点点升温，孩子对父母既感激又崇拜。

3. 培养孩子坚持不懈、独立进取的个性

孩子的学习目的与独立进取的个性是密不可分的，个性是独立进取还是被动退缩与动机水平关系密切。如果孩子生性懦弱且不思进取，缺乏上进心且抱负水平低，只能使学习处于被动状态，甚至陷入恶性循环，因此，也就很难树立一个正确的学习目标。如果孩子懂得学习的重要性，懂得积极进取，那么，父母在帮助其产生学习目的时，也会省心很多。

当父母肯定了孩子的兴趣，引导孩子产生了明确的学习目的后，要经常给孩子敲个警钟："你要想成为游戏开发员的话，就不能这么浪费时间不学习哦！"在父母的督促下，孩子会逐渐养成坚持不懈的个性，在学习时，也会更有动力。

"总是上不完的辅导班"——父母不要让孩子盲目上辅导班

父母的烦恼

黄先生的儿子黄俊是个"大忙人",他的时间似乎总是不够用。黄先生没有征求他的意见就为他报了书法、英语口语和奥数三个培训班。周末的时候,黄俊都没有自己的时间,周六做学校老师布置的作业,周日上午去学书法,周日下午学奥数,晚上练口语,时间被排得满满的。

每当周末去培训班的路上,黄俊看到同龄的孩子在自由玩耍的时候就特别羡慕。他多想和爸爸说他不喜欢那些培训班,但是看到爸爸陪他时的辛苦,又难以开口。他觉得很压抑,生活得很不开心,这些培训班已经影响了他的正常学习。

其实,在黄俊的班上,深受培训班之苦的远不止他一个人,只不过黄先生为儿子报的培训班实在太多了。

当孩子进入初中以后,随着学习、竞争压力的增大,为了孩子不掉队,为了对孩子的升学有帮助,很多父母就盲目地为孩子报各种培训班。也有一些父母,抱着跟风的心理为孩子报培训班。还有一名家长说,担心孩子不报培训班觉得"低人一等",只得给孩子报了一个计算机特色班。

教育界有关人士在接受记者采访时表示,父母不要盲目为孩子报课外辅导班。每个孩子自身的情况不同，既有智力因素，也有非智力因素。父母要了解孩子成绩不佳的根本原因，比如有些孩子是因为父母要求过高造成厌学心理，有些孩子受家庭环境影响导致无心学习，有些孩子因生活和学习懒散拖沓导致学习效率低下……如果不从根本上找到症结，报名参加课外辅导班往往会事倍功半。

父母为了孩子好，希望孩子有一技之长，希望孩子将来能够更好地在社会上立足，出发点是很好的，但他们忽视了孩子内心的需求。其实父母的一厢情愿很少能够达到成功的教育目的，反而会引起孩子的逆反心理，阻碍孩子的正常发展。

而对于青春期的孩子而言，他们的自主意识增强，只有当特色培训班和他们的爱好、兴趣相符合时，才会取得理想的效果。而且，孩子的精力是有限的，他们还肩负着沉重的学业重担，为孩子多报培训班，会让孩子不堪重负，这是违反正常的教育原则的。

那么，父母在为青春期的孩子报特色培训班时，应遵循什么样的原则呢？

心理支招

1. 尊重孩子的兴趣和爱好

给孩子报特色班，应该从孩子的兴趣爱好出发，否则可能会事与愿违，严重的还会导致孩子产生厌学情绪，对其生活和学习产生消极影响。在缺乏尊重的家庭环境中，孩子没有自己的意识，丧失独立自主的能力，将来走上社会，也难以适应社会的发展。

作为父母，应该尊重孩子的身心发展规律，在了解孩子兴趣的基础上，和孩子商量，征得孩子的同意之后再为孩子报培训班，这样孩子会感激你的理解，在学习的过程中才会更有积极性。

2. 要听取孩子的意见

孩子也是独立的个体，尤其是进入青春期的孩子，他们更希望从父母那里得到认同。父母在为孩子报特色班时，应认真耐心听取孩子的意见。

3. 父母不要有功利心理，应允许孩子发生兴趣转移

人的兴趣爱好不一定是一成不变的，大人亦是如此，更何况孩子。随着年龄的增长，孩子接触面的拓宽以及自身社会经验的增加，他们的兴趣也可能发生变化，比如，小时候他喜欢钢琴，而现在却对计算机产生兴趣。而有些父母，出于功利心理，不能接受孩子的兴趣转移。比如因为当初给孩子买了架钢琴，就不允许孩子的兴趣再发生变化了。这些父母可能强迫孩子天天练琴，直到孩子彻底丧失对弹琴的兴趣。这种做法并不可取。

其实孩子拥有丰富的兴趣对自身发展而言是种提高，父母要鼓励孩子全面发展自己的兴趣，允许孩子的兴趣发生转移。

4. 父母不要盲目跟风

现在社会充溢着竞争，很多父母看到其他孩子报特色班，害怕自己的孩子掉队，所以会盲目跟风，擅自为孩子报特色班。孩子在培训班上心不在焉地听着自己并不感兴趣的课程，因此失去很多自由。但是父母却无视孩子的心情，对报培训班乐此不疲。

父母在为孩子报培训班时要多一些理性，综合考虑孩子的爱好和培训班的教学质量，不要盲目地跟从其他人的选择。父母不仅要在众多的培训班广告前擦亮眼睛，还要征求孩子的意见。只有适合孩子的才是最好的，以培养孩子的兴趣为主，让孩子在快乐的培训中发展自己的喜好。

因此，父母要慎重地为孩子选择培训班，不要盲目跟风，要在尊重孩子的基础上，根据孩子自身的特点和爱好帮孩子报特色班，才能使孩子获得长足发展，为他顺利走向社会做好铺垫。

> **锦囊**
>
> 　　学习成绩的好坏，从一定程度上来说是衡量孩子学习状况优良的指标之一。但这个时期的孩子在学习上会遇到各种挑战，如注意力不集中、学习动力不足、与老师或同学的关系紧张等。父母可以通过与孩子建立良好的沟通、对孩子设定合理的期望、关注其心理健康、积极参与学校活动，以及以身作则为他们树立榜样，从而帮助孩子培养良好的学习习惯和提高学习成绩。

第六章

脆弱敏感的青春期，锻炼孩子的心理承受能力

> 培养孩子心理承受能力，便是为他打造一艘稳固的「心舟」。

允许孩子失败，培养"输得起"的心态

父母的烦恼

查太太的儿子叫小强，现在上初中一年级，是一个好强的孩子。他在学校认真听讲，回到家主动学习，从来不用父母催促，也非常有责任心。查太太越是看到这一点，越是对孩子表现得更宽松些，认为这样才能给他更好的成长环境。

但事实上，孩子的成长方向似乎并不如父母预期的那样完美。查太太在谈到自己的儿子时说："有一次班里竞选班长，儿子觉得自己不论是能力还是责任心都能胜任，就信心百倍地参加竞选，并且在竞选演讲中充分展示了自己的能力与信心，也获得同学们的掌声。可是等到投票结果出来，他却以一票之差输给了班里的另一位同学，班长的职务就与他失之交臂。孩子很失望，放学之后，没理会同学，就一个人回家了。这次的失败对孩子的打击很大，他不知该怎样来应对，无论我们怎样开解，告诉他一两次的失败并不代表什么，只要尽力就可以，但是孩子依然背负了沉重的包袱。虽然表面上孩子还是和以前一样上学、放学，但我感到孩子好像变了，他不再那么开朗，开始变得做什么事都畏首畏尾，好像很怕输。我真不知道该怎么办了，怎样才能帮助孩子走出失败的阴影啊？"

小强的这种心态就是"输不起"，这在很多成绩优秀的青春期孩子身上都有发生。这些孩子有主动的上进心和要强的性格，但一遇到失败，就很容易产

生挫败感而变得一蹶不振。其实，这与父母的教育方式有关。有些父母和小强的父母一样，虽然倾心于为孩子创造宽松、舒适的生活学习环境，但极有可能会适得其反，给孩子造成一种更大的、无形的压力，导致孩子因精神过度紧张而屡屡受挫。他们以为，孩子学习成绩好，就可以忽略孩子的心理成长。而实际上孩子内心并没有那么强大，但是父母无形中所施加的目标又很大很远，所以孩子会在一些具有竞争性质的事情上表现得异常紧张，因为他们想利用这些来证明自己的能力。

还有一类父母，他们对于孩子的要求过于严格，不允许孩子犯一点错误，不允许孩子失败，希望孩子在成长的道路上能少走弯路，或者不走弯路。于是，当孩子做出了一个决定，而这个决定在父母看来是肯定要失败的时候，父母们往往接受不了，急于上来阻止孩子"走错路"。事实上，孩子不走弯路、不经受失败是不可能的。人的一生，不可能一帆风顺，只有经历了挫折与磨难的考验，孩子才能真正地成长。

在这两种教育态度下成长的孩子，哪里经得起风雨。因此，从现在起，父母要改变自己的教育态度和方法，要让孩子明白，"失败"也是一种人生经历，要让孩子经得起失败。

心理支招

1. 失败是孩子的权利，允许孩子失败

孩子的成长过程是个必然伴随错误失败的过程，这个过程是任何人都不能代替的。父母爱孩子，但并不是要包办代替、过度保护孩子，因为在爱的旗帜下，孩子们感受失败的权利被剥夺了。

虽然有时孩子的水平可能确实不如大人，他们在知识、技能方面都没有成人熟练，但这就是他们的成长。他们必须经历一个自我探索的阶段，因此父母

对孩子的这种所谓的失败，要给予理解和宽容，只有亲身经历过失败才能使孩子成熟起来。也正是经受一次次的失败，孩子的羽翼才会逐渐丰满，心智才会逐渐成熟。这一过程，父母可以引导，但绝不能代替。

2. 鼓励孩子去冒险

孩子如果总是逃避风险，就会缺乏战胜失败与挫折的信心，因为他不了解成功的真正含义。如果你希望孩子自信，那么，就让他为了成功而锻炼。鼓励他去做他从来没有做过的事，对他制订的新计划大加赞扬。父母应让孩子记住，有缺点是正常的，在一件事情上的失败并不等于自己就是一个失败者。

3. 提高孩子解决问题的能力，引导孩子在失败中站起来

做父母的，都希望孩子能在成长的路上少遇到一些失败的经历，这是人之常情。但父母在平时的生活中不要过分刻意地为孩子排除一些在正常环境中可能遭遇到的困难。当孩子遇挫时，父母不要立刻插手，不妨留给孩子自己面对失利的空间和机会。当孩子不能独自解决的时候，你可以和他一起讨论，引导孩子去思考，然后让他自己去执行解决的办法。

身处逆境、遭遇挫折对人来说未必都只有消极的意义，适度的挫折是一种挑战和考验，可以帮助人们驱走惰性，成为动力，促进人们奋进。"失败"也是一种人生经历，孩子正是由一种不完美走向完美，从不成熟走向成熟，这就是一个长大的过程。总之，对于青春期的孩子，父母要培养他们"输得起"的心态，只有这样，他们才有更多赢的机会。在孩子幼小的心灵中埋下百折不挠的种子，帮助孩子树立正确的人生理想，教育孩子坦然面对挫折，指导孩子稳妥地驾驭环境，增强孩子的心理免疫力，使孩子健康快乐地走好人生的每一步！

引导孩子直面恐惧，让孩子拥有过硬的心理素质

父母的烦恼

林太太是个很贴心的母亲，她有个女儿名叫小妍，今年15岁。上初中以来，小妍迷上了围棋，也参加了几场比赛，但总是惨败而归，以至于对下围棋产生了恐惧心理。后来，经过母亲的鼓励，小妍才慢慢走出了失败的心理阴影。

在谈到这件事时，林太太说："当我女儿在下围棋时出现了那样的情况以后，我总是有意识地引导：下围棋时肯定会有输赢，只要你好好学，什么时候技术超过了别人，你就能战胜对方了，哪怕你现在还比不上人家，被别人吃掉了棋子，你也要勇敢些，别哭。你下围棋时多用小脑袋想想，是哪里出错了……在一次又一次的心理引导和实践中，孩子的承受力渐渐增强了。现在她也参加了围棋班的学习，考验的机会也多了，而且孩子面对失败时也更坦然了。"

的确，孩子毕竟是孩子，面对挫折和失败，难免会产生负面情绪，甚至会变得恐惧。父母是孩子人生路上的老师，当孩子一蹶不振时，一定要帮助孩子勇敢地走出来。

"要战胜别人，首先须战胜自己"这是智者的座右铭。实际上，任何人，面对挫折，最大的敌人不是挫折，而是自己，是内心的恐惧。如果你认为你会失败，那你就已经失败了。说自己不行的人，爱给自己说丧气话，遇到困难和

挫折，他们总是为自己寻找退却的借口。殊不知，这些话正是他们打败自己的最强有力的武器。

对于青春期的孩子来说，他们并不像成人一样有很强的自我调节能力，他们需要父母的帮助。面对恐惧，他们常有的表现之一是躲避，而试图逃避只会使得这种恐惧加倍。只要孩子能去做他所恐惧的事，并持续地做下去，直到获得成功，他便能克服恐惧。

心理支招

1. 告诉孩子"你能行"

生活中，许多孩子总是认为"我不行"。而他们之所以会有这样的意识，有两个来源：一是源于自我，叫作自我意识；二是源于他人，叫作外来意识。有些父母总觉得自己的孩子不行。一个孩子这样说："我想学游泳，我妈妈说，你不行，你从小体弱，下水会淹着的！我想学炒菜，我妈妈说，你不行，会烫着手的！我想学骑车，我妈妈又说，你不行，会摔着的……不行，不行，我什么时候才能行？而妈妈的回答居然是'你是个女孩！'"

父母这样做，看上去是爱护孩子，实际上是害孩子。久而久之，孩子会认为自己是弱者，觉得自己真的什么都不行。"我不行"在孩子的头脑中一旦扎下了根，孩子就会变得对做任何事都没有信心，会觉得离开了父母和老师寸步难行。而"我能行"是一种正向信息，是成功者必备的心理素质。总用正向信息来调控自己，一种"我能行"的形象也就不知不觉塑造出来了。

2. 给予引导

当孩子遭遇挫折和失败时，父母应引导孩子分析受挫折的原因，从中吸取教训，并想办法克服困难。当孩子自己克服了困难时，父母应鼓励、肯定，让孩子体验成功的喜悦，增强克服困难的信心。如果他独自克服不了困难，父母应给予适当的安慰和帮助，以免孩子过分紧张，影响身心健康。

3. 借助孩子的其他优势来激励他

在某一领域里的充分自信，可以帮助孩子更好地面对来自其他方面的挫败。如果面临挫折，孩子将自己的优点丢在了脑后，父母一定别忘了提醒他，借助优势激励他改变弱势的想法。

"女儿在前段时间要去参加捏泥塑比赛，作为妈妈自然希望她取得好成绩。于是回到家我总想方设法让她多练习。女儿虽然对动手操作感兴趣，但是对于难度大一些的事物总是不想多实践。兴趣是最好的老师，我觉得我得先让她对于难的事物感兴趣。于是我跟她说：'你看你刚才捏的这个真的很难，妈妈只教了你一次，你捏得都比妈妈好了，真了不起。那一个好像更难了，我们一起来捏，你教教妈妈好不好啊？'女儿借助自己的优势而树立起来的信心，去改变她对于难度大而不愿实践的想法。"

通过优势激励，能让孩子有一种自我价值的肯定，这种心理暗示，能鼓励孩子逐渐克服失败的恐惧。

4. 在日常生活中多鼓励孩子做一些他没有做过的事

做曾经不敢做的事，本身就是克服恐惧的过程。孩子走出第一步，敢于尝试，就说明他已经突破自己了。在不远的将来，即使孩子还会遇到很多困难，但因为有勇气，孩子一定能自己面对。

总之，作为父母，需要记住的是，挫折教育并不是为了让孩子接受挫折，而是为了让孩子获得自己克服困难和挫折的勇气。在这个过程中，如果孩子产生了恐惧心理，你一定要当孩子的引路人，给他足够的鼓励和指引。

"皮格马利翁效应"：鼓励能给孩子带来自信

父母的烦恼

淼淼今年13岁了，她一直爱好音乐。爸爸妈妈虽然不同意淼淼以后以音乐为生，但拗不过女儿，还是答应了淼淼的要求，每周末要么去学钢琴，要么去学小提琴等。但淼淼是个三分钟热度的孩子，兴趣来得快，去得也快，爸爸妈妈从没想过淼淼能学出什么名堂来。

有一个周六的晚上，妈妈和爸爸一起去小提琴培训班接淼淼。回家的路上，淼淼说："爸妈，我想参加市里面的小提琴大赛，我们学校都没几个人敢报名呢？你们说我可以报名吗？"

"平时出于兴趣，去学一下那些我们是不反对的，可是我看你还是别报名了，肯定没戏……"淼淼爸爸给女儿泼了一头冷水。

"你可别这么说，谁说我们家淼淼没戏了，我看淼淼很有音乐天赋。淼淼，你去报名，妈妈相信你一定可以的！"受到妈妈的鼓励后，淼淼顿时精神大振。

从那天后，淼淼把每天的空余时间都拿来练琴，小提琴拉得越来越好。果然，在市里的初中生小提琴大赛上，淼淼不负厚望，取得了第二名的好成绩。而淼淼妈妈也认为自己是最有眼光、最明智的妈妈。

自信心是一种积极的心理品质，是人们开拓进取、向上奋进的动力，是一个人取得成功的重要心理因素。自信心在个人成长和事业成就中具有显著的作用。对于成长阶段的孩子来说，如果孩子缺乏自信心，常常表现胆怯、遇事畏缩不前、害怕困难、不敢尝试，孩子的认知能力、动手能力、交往能力及运动能力等就会发展缓慢；相反，孩子具有自信心，胆子大，什么事都敢尝试，积极参与，各方面发展就快。

关于这一点，心理学上有个著名的"皮格马利翁效应"：

一个男孩和很多同龄的孩子一起接受垒球训练。一天，教练叫队员排成一行，练习击球。别人都击得很好，唯独一个男孩总是不能击中目标。其他的孩子开始议论说"他不是打垒球的料"。这个男孩很苦恼，并向教练提出退出球队。教练对他说："不是你不会打球，而是你的手套有问题。"随后，教练给了这个男孩一副新手套，并鼓励他说："你绝对是打垒球的料，你会成为优秀的垒球队员！"

果然不出教练所料，戴上手套后，孩子努力训练，最后成为一个著名的垒球手！

表面看来好像是手套起了作用，其实不然，是教练给孩子戴上手套的那一刻说的那句话"你绝对是打垒球的料"给了孩子自信。正是有了教练的这种鼓励，孩子才对自己充满了信心！

对于青春期孩子来说，生活、学习环境的改变，竞争压力的加大，很容易挫伤孩子学习、交际的积极性，让孩子失去信心。同时，来自家庭的因素，比如，孩子从小到大，衣来伸手、饭来张口，久而久之，孩子什么也不会干。孩子从小不学习动手做事，他也会变得越来越没有自信。

青春期，也是孩子个性、心理品质形成的重要时期。这时期孩子是否自信，也影响到孩子未来人生路上是否能勇敢面对各种挑战，决定了将来他们是否能成为充满自信、有坚强毅力和足够勇气的人。因此，自信这种心理品质应该从家庭起步，在孩子青春期时就着重培养。言传不如身教，培养孩子的自信心，不是单纯的几句说辞，而是需要父母从生活中的点点滴滴入手。

那么，父母该怎样鼓励孩子树立自信心呢？

心理支招

1. 多鼓励，让孩子勇于尝试

我国著名教育家陈鹤琴先生在讲到孩子心理特点时指出："小孩子喜欢成功的""小孩子喜欢称赞的"。其实，这种心理需求，青春期的孩子也是需要的，父母的鼓励是孩子得到的最大的肯定。

因此，无论孩子学习成绩怎么样，无论孩子做什么事，只要他们去干就要给予肯定与鼓励；还要善于发现孩子的点滴进步和成功，给予孩子适当赞赏，使他们积累积极的情感体验。

2. 赏识孩子，让孩子发现并肯定自己的优点

对于很多父母来说，似乎"孩子总是别人的好"。别人的孩子听话、懂事，自己的孩子似乎总是"恨铁不成钢"，对于自己孩子的长处和优点视而不见，充耳不闻，说什么"成绩不说跑不了"。

父母应该承认，你的孩子也有优点，只是你没有注意。孩子为什么总是考不好，不是孩子不认真学习，而是你一味地贬低他，让他失去了信心。如果你开始发现他的优点并加以赞赏，想必你的孩子一定会信心大增。

3. 教孩子学会体验成功

只要尝过成功的滋味，伴随而来的就是无比的喜悦以及对自己坚定的信心。所以先让孩子尝尝成功的喜悦，这是使孩子建立信心最简易的方法。当孩子做成一件事后，你首先应该夸奖孩子，告诉他："你做得真棒！"适当的时候，你可以采取一些物质奖励的方式。而当孩子缺乏自信时，你可以告诉孩

子："勇敢一点，爸妈为你骄傲！"当孩子体验到成功的美好后，就不会畏首畏尾，而是大胆地去争取了。

总之，自信心是孩子成长道路上的基石，是学习过程中的润滑剂，是生活中必不可少的勇气。自信心是在实践中培养起来的。因此，在日常生活中，父母一定要相信孩子，给予孩子鼓励，他才能昂首阔步走向社会，去克服人生道路上的种种艰难险阻，迎接新世纪的各种挑战。

拿第一却不高兴——好名次让孩子产生了更大的心理压力

父母的烦恼

刘先生的女儿名叫小凡，今年14岁，刘先生一直以小凡为骄傲。这不，初二伊始，小凡就报名了第三届校园主持人大赛，经过资格赛、预赛、半决赛和总决赛，小凡从160多名小选手中脱颖而出，获得了"金话筒奖"。历时近两个月的比赛，看到女儿从刚开始腼腆的自我介绍到后来镜头前自如地主持，刘先生真切地感受到了女儿一路的成长，因而倍感欣慰。

比赛结束这天，刘先生和妻子准备了一桌子的饭菜，为女儿的成功庆祝。傍晚，女儿从学校回来，表现得并没有刘先生想象中的高兴，反而是一脸愁容。

"怎么了，拿了第一名应该高兴啊。"

"我知道，可是这次我拿了第一名，下次我还能拿第一名吗？今天老师已经表态了，以后这种比赛项目我都要参加。我要是拿不到奖项，老师一定会失望的，同学们也会笑话我，我也对不起你们。这次参赛，从主持词的撰写到排练节目，从发型的设计到服装的搭配，你们是全程陪同的。我参赛时唯一的念头就是拿第一，可是谁能保证下一次呢？"

听到小凡这么说，刘先生若有所思，原来女儿担心的是这个。是啊，一个已经站在成功者位置上的孩子或许更害怕失败吧！

我们不得不承认，很多成绩优异的青春期孩子都有和小凡一样的烦恼，尤其是在获得好名次之后，他们在欣喜之余，往往内心压力更大。其实这是一种输不起的心态。

曾经有篇报道，内容讲的是一个成绩优异的初中男孩离家出走的故事。这个男孩在小学成绩一直名列前茅，其他方面也很优秀，他从来就没输过。然而上了重点中学之后，他在众多的尖子生中很难再独占鳌头。他输不起，所以选择了离家出走。

还有一篇调查报告显示，某市重点高中高考落榜的学生中有4名服毒自杀，后因抢救及时才得以生还。

这4名中学生为什么自杀？也因为他们输不起。一直优秀的他们心理压力很大：如果下次考试成绩不理想怎么办？如果让老师和父母失望怎么办？有了这些消极的想法后，他们自然无法以坦然的心态面对学习和生活，这不仅影响学习，还影响竞争时的发挥，一旦失败，便会因为无法接受而选择自杀。

其实，孩子之所以压力大，与父母也有着很大的关系。每当孩子成功后，一般都会这样对孩子说："下次继续努力，一定要再考好一点。""不要骄傲，你还有更大的目标。"而这无疑是告诉孩子："你下次不许输。"这也是一种无形的压力。因此，作为父母，如果你希望孩子真的从竞争中获取知识、锻炼自我，就必须让孩子摆脱这种压力。

心理支招

1. 父母不要只关注孩子的名次

当父母把沉重的分数、名次强加在孩子身上时，实际上是剥夺了孩子对丰富多彩的生命的体验，剥夺了他的人生选择权，剥夺了他的快乐和健康。这是在爱他还是在害他？

好学成性的孩子、终身学习的孩子会越学越有学习的劲头；为考试、为名次学习的孩子，学到一定程度就会厌倦学习、痛恨学习。这是教育成功与否的分水岭。只要孩子肯钻研、爱学习，不管成绩怎样，都是值得赞赏的。相反，孩子一心只想得高分、获好名次，那才是值得警惕的。

2. 引导孩子全面发展

一个只专注于某一方面特长或者某一爱好的孩子，一般在这方面投入的精力更多，期望也就越多。但"人外有人，山外有山"，即使他们这次成功了，也并不一定代表他们永远成功。而如果父母能培养孩子多方面的能力、兴趣、爱好等，那么，孩子在拓宽视野的同时，也会学习到各种抗挫折的能力、知识、经验等，具有较完善的人格。这对于提高孩子的自理能力、交往能力、学习能力和应变能力都有很大的帮助，也为他们独自战胜困难提供勇气和方法。

3. 鼓励孩子勇于创新

孩子害怕下次失败，主要是因为他们害怕被超越。那么，作为父母，只有让孩子明白，进步才能获得更强的竞争力，那么，孩子便能把压力化作动力。然而，没有创新就不可能进步。因此，父母在教育孩子时，要善于激发孩子的求知欲望和求知兴趣，鼓励孩子多动脑、动手、动眼、动口，使其善于发现问题，提出问题，并尝试用自己的思路去解决问题。不要用传统的现成答案和传统的教育模式来限制孩子，束缚孩子的思维发展。当孩子表现出其"新思想""新发明"时，父母应及时给予肯定和表扬，并鼓励孩子坚持探索。

总之，作为父母，要让孩子明白，积极参与竞争是对的，但是不应该把"第一"当成竞争的唯一目的，而更应该在参与过程中培养良好的品质，如遇事冷静、沉着、性格开朗等。这些良好品质比"第一"重要得多。

告别"棍棒"教育，青春期的孩子经不起你的粗暴对待

父母的烦恼

一位父亲带着自己的妻子和女儿去德国留学。一次，他带着女儿逛公园。不一会儿，女儿高兴地跑到他的身边说："爸爸，你看。"原来，女儿用自己的纸船跟一个德国女孩换了一只模拟的玩具船。一只纸船最多值3美分，而一只玩具船却值20美元。当时，这位爸爸就生气了，"你怎么这么爱占别人的便宜？你这样做是不对的！说，你跟谁换的？"女儿哭着指向不远处的一个德国小女孩。

爸爸拉着女儿走过去，对德国小女孩的爸爸说："对不起，我女儿不懂事。"然而，德国爸爸的话让他十分震惊。德国爸爸说："船是我女儿的，所以由她做主。你女儿喜欢，就归她了。一会儿，我会带我女儿再去买一只，让她知道这只玩具船值多少钱，能买多少纸船。下次，她就不会再犯如此愚蠢的错误了。"

德国爸爸的一席话，让中国爸爸无地自容。这位德国爸爸非常尊重女儿的选择，不是一味地批评女儿，而是通过有效的措施，让女儿认识到自己的错误，并且找到正确的做事方法。

同样，对于青春期孩子的父母来说，也要允许孩子犯错，让孩子在不断犯错的过程中积极主动地去探索、去学习。的确，青春期是躁动的年纪，曾经很听话的孩子都有可能做一些错事，父母要带着宽容的心对待孩子。另外，犯

错误可能是孩子不专心、没耐心或能力不够引起的，作为父母都应该温柔地对待，应该耐心地支持和引导孩子改正错误，绝不要横加指责，否则很容易导致孩子产生自卑感，或者抗压能力差。

事实上，人类的学习过程从古至今都遵循这样一条规律：

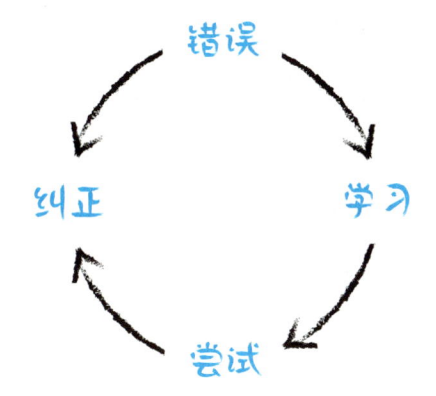

错误 → 学习 → 尝试 → 纠正

在这个不断循环的过程中，人类得以发展。教育青春期的孩子，父母也需要尊重这个规律，温柔地对待孩子所犯的错误，让孩子自己认识到错误，在错误中得到真理，得到正确的做事方法。

心理支招

1. 多沟通，做孩子的"知心朋友"

每个青春期的孩子都希望有一个可以交心的好朋友，能够在自己迷茫的时候给予指点；在自己不高兴的时候静静地坐在身边聆听；在自己犯错的时候指出问题所在。但很多情况下，孩子的这位知己并不是父母，他们放不下作为家长的威严。很多孩子知道自己的父母做不到这一点，所以他们如果有了心事，宁愿找朋友去倾诉，也不愿意告诉父母。不是孩子不愿意把父母当作知己，而是父母没有做孩子"知己"的意识。

所以，父母不妨放下姿态，平等地对待孩子。英国教育家斯宾塞说："沟通不是在任何人之间都能实现的。父母只有放下架子，做孩子的知心朋友，才能实现最成功的沟通。"

2. 温柔地对待孩子，但也要让他为自己的错误付出一点代价

孩子犯错总是在所难免，每当孩子闯下大大小小的祸，作为警醒或教训，父母都会对孩子采取一定的惩罚。但惩罚仅仅是打和骂那么简单吗？怎样的教训才会起到理想效果？惩罚有些什么方式？惩罚的"度"在哪里？惩罚过后，面对孩子的情绪，父母又该如何做好"善后"工作？

每个人犯错都是要付出代价的，如果错误没有受到相应的惩罚，那么错误还可能会延续下去。生活中，很多父母看到孩子犯了错误以后，马上帮他纠正。可能孩子意识到了自己的错误，但印象并不深刻，导致错误一再地出现。

老刘的女儿第二天要出去郊游。晚上，老刘就对只顾看电视的女儿说："女儿啊，先别看电视了，准备准备明天去郊游的东西吧，否则明天早晨又要手忙脚乱了。"女儿一边嗑瓜子，一边说："爸爸你可真啰唆，我这么大了，会照顾好自己的，东西都准备好了。"老刘就没再说什么，可是发现女儿换洗的袜子没带，帽子也没装进包里。老刘的妻子正要帮女儿收拾，老刘却制止住了她。

女儿郊游回来后，老刘问："玩得怎么样啊？"女儿说："很好啊。就是没换洗的袜子穿，天气太热了，帽子也忘带了，我都晒黑了。下次可不能再这么丢三落四的了。"

老刘是位很聪明的父亲。他阻止了妻子的行为，就是要让女儿为自己犯的错误付出一点代价。如果妻子帮助女儿准备好了，她依旧是一副没记性的样子，并且还会产生依赖心理：我没准备好没关系，还有我老妈帮我弄呢。所以，要想让孩子对自己的错误记忆深刻，不再犯类似的错误，不妨让孩子吃

点苦头。

可能很多父母相信棍棒比说教更能让孩子牢记错误，当孩子犯错的时候，往往采取严厉的惩罚措施，甚至体罚。体罚是中国父母对孩子常用的惩罚方式之一，包括打揍、罚站、面壁等。但由于体罚总伴随父母情绪的爆发，容易使孩子产生逆反心理或委屈情绪，甚至导致自信心的丧失，这对于孩子的成长极为不利。其实，"牢记错误"不是重点，"改正错误"才是目的。父母不妨温柔地对待孩子的错误，用正确的方法引导，不仅会让孩子意识到自己的错误，还增强了孩子勇于改正错误的信心和勇气。

锦囊

青少年的心灵在成长的道路上，既要迎接知识的光芒，又要抵御来自学业、社交、家庭等各方面的压力。培养青春期孩子的心理承受能力，便是为其打造一艘稳固的"心舟"，助其顺利穿越人生的激流险滩，抵达梦想与责任并存的彼岸。

第七章

青春期孩子有了自己的心事，
父母这样做和孩子实现有效交流

沟通，是解决一切教育问题的良药。

沟通，是亲子关系升温的基础。

倾听孩子的心事，了解他们的烦恼

父母的烦恼

上了初中以后，小伟似乎变得越来越不听话了，经常在学校惹事，他的爸爸也经常被老师请去。这不，小伟又在学校打架了。回家后，爸爸并没有训斥小伟，而是心平气和地把他叫到身边。

"我知道，老师肯定又把你请去了，我今天还是少不了一顿打。"儿子先开了口。

"不，我不会打你，你都这么大了，再说，我为什么要打你呢？"爸爸反问道。

"我在学校打架，给你丢脸了呀。"

"我相信你不是无缘无故打架的，对方肯定也有做得不对的地方，是吗？"

"是的，我很生气。"

"那你能告诉爸爸为什么和人打起来吗？"

"他们都知道你和妈妈离婚了，然后就在背地里取笑我。今天，正好被我撞上了，我就让他们道歉，可是，他们反倒说得更厉害了，我一气之下就和他们打了起来。"儿子解释道。

"都是爸爸的错，爸爸错怪你了，以后那些闲言闲语你不要听，努力学习，学习成绩好了，就没人敢轻视你了，知道吗？"

"我知道了，爸爸，谢谢你的理解。"

可以说，小伟的爸爸是个懂得理解与倾听孩子心声的好爸爸。孩子犯了错，他并没有选择粗暴的责问、无情的惩罚，而是选择了倾听。倾听之中，表达了对孩子的理解，让孩子感受到了爱、宽容、耐心和激励。试想，如果他在被老师请去学校以后就大发雷霆，不问青红皂白地将孩子打骂一顿，结果会是怎样呢？

但现实生活中，这样的父母又有多少呢？随着现代社会生活步伐的提速、竞争压力的加大，作为父母，为了能给孩子一个优越的生活环境，总是忙于工作，而忽视了与孩子多沟通，陪孩子一起成长。父母是孩子的第一任老师，也是孩子接触时间最长的朋友。在孩子成长的过程中，最需要的就是父母的关心，最愿意与之交流的也是父母。尤其是在孩子进入青春期以后，这种交流应该更为需要。因为这期间，孩子的自我意识加强，渴望脱离父母的束缚。如果缺少父母的理解，那么，亲子关系就会越发紧张，甚至对孩子的成长还会产生不利影响。

可见，父母不愿倾听、理解孩子的最终结果可能是失去了"倾听"的机会。常有父母这样抱怨：真不知道我家孩子是怎么想的，总是不肯好好听我说话。对此，父母应该反问自己：作为父母，你有没有听过孩子说话？父母把大量的时间用来批评和教育，却忽略了倾听。父母应该做的不仅仅是为孩子提供良好的物质生活环境，还应该多用心去倾听孩子的内心，让彼此间的心灵更为亲近。

心理支招

1. 摆正姿态，放下架子，让孩子感受到尊重和平等

生活中，有很多孩子说："每次，我想跟爸妈谈谈心，刚开始还能好好说话，可是爸妈似乎都是以教训的口气跟我说话，我还没说完，他们就开始以父母的身份来教育我了，我真受不了。"其实，这些父母就是不懂得如何倾听。

倾听的首要前提就是要和孩子平等地对话,这才能达到双向交流的效果。父母和孩子发生矛盾在所难免,但要等孩子把话说完,再提出解决的办法,这才会让孩子感受到尊重,孩子才能更信任父母。

2. 抛弃成见,孩子的想法未必不正确

作为父母,很多时候会认为孩子的想法是不对的,甚至是不符合常规的。抱着这样的心态,在倾听孩子说话的时候,父母会有一种先入为主的想法,会把孩子的话摆在一个"幼稚可笑"的立场,孩子自然得不到理解。其实孩子也有一个丰富的心灵,父母要特别注意倾听他们的心声。

3. 善用"停、看、听"三部曲

当孩子产生一些不良情绪时,做父母的要能够察觉出来,然后主动接触孩子,运用"停、看、听"三部曲来完成亲子沟通这个乐章。"停"是暂时放下正在做的事情,注视对方,给孩子表达的时间和空间;"看"是仔细观察孩子的面部表情、手势和其他肢体动作等非语言的行为;"听"是专心倾听孩子说话的内容、说话的语气声调,同时以简短的语句反馈给孩子。

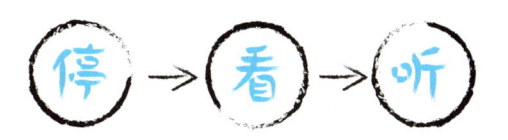

停 → 看 → 听

可能孩子做得不对,但作为父母,不要急于批评孩子,应该在倾听之后,对孩子表达你的理解。在孩子接纳你、信任你之后,你再以柔和且坚定的态度和孩子商讨解决办法,从而激励孩子反省自己,帮助他从错误中学习成长。

其实,每一个孩子尤其是青春期的孩子都希望得到父母的理解。因此,从现在起,每天哪怕是抽出两小时、一小时,甚至是三十分钟都好,做孩子的听众和朋友,倾听孩子心中的想法,忧其所忧,乐其所乐。当孩子有安全感

或信任感时，就会向其信任的成年人诉说心中的秘密。只有这样，才有可能经常听到孩子的心灵之音，孩子才会在父母的爱中不断健康地成长，快乐地度过青春期！

与青春期孩子交流，不要一味地教训

父母的烦恼

杨小姐是一名心理咨询师，她最近遇到了这样一个家庭：

妈妈是某公司的老总，她能把公司管理得井井有条，但对自己的儿子，她却只能用"无能为力"来形容。因为不管她说什么，儿子总会与她对着干。万般无奈之下，她找到了心理咨询师。杨小姐试着与这个孩子沟通，但出乎她的意料，这个孩子很合作。

"为什么总是与妈妈作对？"

他直言不讳地说："因为妈妈总是像教训和指挥员工一样来对待我，我都感觉自己不是她的儿子，而是她的员工。"

这时，杨小姐终于明白了，一定是这位妈妈用错了教育方式。于是，她把这对母子请到一起，当着孩子的面把孩子刚才说的话讲给了妈妈听。妈妈听后非常诧异，过了一会儿，她十分激动而又真诚地对儿子说："儿子，你和我的员工当然是不同的，妈妈希望你更出色！"

听完这句话后，杨小姐立即给予纠正："您应该说'儿子，你真棒，在妈妈心里你是最优秀的，我相信你会更出色'。"

这位母亲不明白为什么要纠正，杨小姐说："别看这是大同小异的两段话，其本质有着很大的不同：前者是居高临下的指挥，后者是朋友式的赞美和鼓励。我觉得您在教育孩子上，不妨换一种方式，对孩子多一些引导，和孩子成为朋友，而不是一味地教训孩子！"

这位母亲听完，若有所思地点点头。

其实，这位母亲的教育方式在中国很典型，他们多以教训和指慧的口气来教育孩子，例如：

"你这个笨蛋，成绩怎么总是在中游徘徊呢！"

"不就是考了前五名吗，什么时候考个第一名让我看看！"

"这段时间你确实有进步，不过不要夸你两句就骄傲呀！"

这些话会不自觉地流露出对孩子的俯视和责备，孩子长期生活在父母的教训中，便会失去学习的动力和激情，而对于父母，他们也只能"唯恐躲之不及"。尤其是对于进入青春期的孩子们来说，在父母长期的打击下，他们要么"反击"，要么"忍受"，这对孩子的成长都是不利的。

事实上，做父母的也有父母的苦衷。谁不愿意自己的孩子生活在快乐中，谁愿意在这样残酷的竞争中去拼命？可怜天下父母心，没有谁希望训斥自己的孩子。但为了孩子能在未来的社会竞争中站稳脚跟，父母常常有意无意地教训孩子。实际上，这种教育方法并没有多少成效。当然，子女教育没有统一标准，每个孩子都很特别，都需要父母去特别对待。对待青春期的孩子，父母要做的是引导，而绝不是教训。

因此，父母要在心里把自己和孩子放在平等的位置，把孩子看作家庭中很重要的一个成员来对待，遇到问题也要和孩子多商量商量，对孩子多加引导。父母要尊重孩子，尊重他的人格，尊重他的意见，不可动辄训斥有加，那样只会使孩子离你越来越远。

心理支招

1. 给自己"洗脑"，摒弃传统的家长观念

要想使自己与孩子的关系更加亲密，让孩子乐意与自己"合作"，父母首先要做的就是给自己"洗脑"，即打破那种传统的家长观念，不是去挑孩子的毛病，而是不断使自己的思维重心向这几个方面转移：孩子虽然小，但也是个大人了，他需要尊重；我的孩子是最棒的，他具备很多优点；允许孩子犯错误，并帮助孩子去改正错误……

2. 放下长辈的架子，与孩子平等沟通

有些父母为了维护自己在孩子心中的地位，而刻意与孩子保持距离，从而使孩子每时每刻都感觉到家庭气氛很紧张。亲子之间存在距离，沟通就很难进行，在没有沟通的家庭里，这种紧张的气氛往往就会演化成亲子之间的危机。

因此，父母不需要太看重自己作为长辈的角色，因为长辈意味着权威和经验，意味着要让别人听自己的。但事实上，在急速变化的多元文化中，这种经验是靠不住的。父母不把自己当长辈，而是跟孩子一起探索、学习、互通有无，这种做法可使在孩子的教育和沟通上变得更加自由和开明。

3. 让孩子"有话能说"，自己"有话会说"

父母与孩子交流时，要坚持一个双向原则，让孩子"有话能说"。比如，在交流的时候，无论孩子的观点是否正确，你都应该给予赞赏，然后可以批评指正，这样可以鼓励孩子更大胆、更深入地交流。同时，作为父母，更要"有话会说"，同样的道理，采用命令的口吻和用道理演示达到的效果是不一样的，很明显，后者的效果会更好。如果能用通俗易懂的话说明一个深刻的道理，用简明扼要的话揭示一个复杂的现象，用热情洋溢的话激发一种向上的精神，孩子自然会潜移默化，受到感染，明白父母的良苦用心。

总之，父母一定要丢弃要求孩子"这么做，那么做"的固有观念，也要丢弃把孩子赶向特定方向的强迫观念。尤其是在孩子遇到困难或遭受挫折时，父母更应适时地拿起激励和表扬的武器，减少孩子遇到困难时的畏惧心理和失败后的灰心，增强他们成功的信念，而不是训斥和责备，然后和孩子一起讨论确定克服困难或弥补过失的途径和办法。父母对孩子的理解和尊重，必然有利于问题的真正解决，也有利于两代人的沟通交流！

赏识教育，鼓励能让你的孩子更自信

父母的烦恼

夏雨是个可爱的女孩，但成绩却极差，尤其是到了初中后，更成了班级中的后进生，这令她的父母很是头疼。她的妈妈对老师说："自打孩子上学以来，我都被弄得心力交瘁了。她经常被老师留下，我为了她的学习，辞了工作，每天为她做早餐、收拾书包、检查作业、辅导功课，但事实上，我的努力并没多少效果。她一点也不听话，我真不知道该怎么办了。"

看着一脸无助的夏雨妈妈，老师说："其实，夏雨是个聪明的女孩，只是她对学习提不起兴趣而已，所以自觉性才差。如果我们能换一种教育方法，多鼓励她，我想她会进步的。"夏雨妈妈仿佛一下子看到了希望。

后来，妈妈开始对女儿实行赏识教育，无论孩子考得再差，她也会鼓励孩子："乖女儿，你这次好像又进步了，以后如果也像这样，该有多好。妈妈相信你。"夏雨露出了惭愧但又充满信心的表情。

除此之外，夏雨的妈妈在孩子遇到学习中的问题时，也会将心比心地说："你会做这道数学题已经很不错了，妈妈那时候，做数学检测，一百道题只能答对三十道题。"

后来，当妈妈再次去学校开家长会时，老师对她说："夏雨现在学习很努力，上课经常主动发言呢，课堂上总能够看到她举手回答问题，她颇有见地的发言，也让同学们对她刮目相看了。课间她也不再独处了，座位边也围上了同学。"听到老师这么说，妈妈很欣慰。

从这则故事中，我们不难发现，父母一定要好好运用"积极暗示"这个法宝。

心理学家曾经做过一个关于"青春期孩子最怕什么"的调查，结果表明：孩子最怕的不是生活上苦、学习上累，而是人格受挫、面子丢光。的确，青春期是人格形成的重要时期，孩子们已经开始有自己的独立意识，但却尚未完全形成，也开始在意别人的评价，而他们最在意的是父母的看法。

从这里，我们也可以发现，父母对孩子的期望一样会影响孩子。如果你认为你的孩子是优秀的，那么，他就会按照你的期望去做，甚至会全力以赴地让自己变得优秀起来；而反过来，如果你总是挑孩子的缺点、毛病，那么，他们就会产生一种错觉：我不是好孩子，爸爸妈妈不喜欢我，我好不了了。因此，父母积极的期望和心理暗示对孩子很重要。

对于青春期的孩子来说，他们最亲近、最信任的人是他们的父母。因此，父母对他们暗示的影响是巨大的。如果他们长时间能接收到来自父母的积极的肯定、鼓励、赞许，那么，他们就会变得自信、积极。相反，如果他们收到的是一些消极的暗示，那么，他们就会变得消极悲观。

所以父母一定要好好运用"赏识"这个法宝，不要认为孩子做好了、学好了是应该的事而疏于表扬。渴望被人赏识是人的天性，大人们也是如此。就连美国著名的作家马克·吐温先生也曾经说过："凭一句动听的表扬，我能快活上半个月。"

可能很多父母会问：我该怎么夸孩子呢，总不能一天到晚说"好啊，乖啊"。这里就谈到了赏识教育的中心话题，即鼓励孩子，让孩子在"我是好孩子"的心态中觉醒，但父母一定要注意表达的方式和内容。

心理支招

具体来说，父母的赏识必须满足以下两个要求：

1. 真实的

赏识教育一定要不动声色，一定不能被孩子发现，不能太虚伪。首先它必须是真实的，并且是自然流露出来的，不是表演出来的。

2. 具体的、细节化的

有的父母虽然也给予了孩子一些赞美，但是由于心里的标尺太高，高于孩子的现实，夸奖时常喜欢加一条"小尾巴"。比如说："你做这件事很对，但是……"父母自以为很聪明，先扬后抑，让孩子高高兴兴地接受批评。其实，孩子对这类表扬很敏感。他会认为"噢，他原来就是为了后面一段话才假惺惺地表扬我几句。"因此，对孩子表扬要真诚大方，讲究实效，讲究细节。

读懂青春期孩子的心

孩子关上了心门，不妨从孩子的朋友开始了解

父母的烦恼

蕾蕾与丹丹是很好的朋友，从小一起长大，又进了同一所初中。蕾蕾与丹丹的性格不大一样，蕾蕾性格内向，不怎么喜欢交际，但什么都跟丹丹说。上了初中以后，蕾蕾与丹丹走得更近了。

最近一段时间，蕾蕾妈妈发现蕾蕾变得很奇怪，除了吃饭时间，她几乎不出自己的房间门。不仅如此，她对妈妈的态度也十分冷淡，有时候，妈妈跟她说上半天话，她才会勉强答一句。

周末，丹丹来找蕾蕾玩，趁着女儿下楼买水果的空子，蕾蕾妈妈悄悄问丹丹："丹丹，蕾蕾这几天怎么了，对我好像有很大意见呀。你们是好朋友，她一定告诉你了。"

"阿姨，蕾蕾是告诉我了，可是我不知道该不该告诉你？"丹丹有点难为情地说。

"只有你告诉我了，我才知道问题出在哪里，才能使蕾蕾摆脱烦恼呀。你愿意帮助你的好朋友吗？"

"是这样的，阿姨，我们都已经长大了，也有自己的隐私了，也懂得自理了，尤其是内衣和袜子，她希望可以自己洗。她曾暗示过你好多次，但你好像都没有明白她的意思。"

蕾蕾妈妈这才恍然大悟，怪不得上次还发现女儿把内衣放在被子里，原来是要自己洗。这下，她知道如何调节与女儿之间的矛盾了。

这种情况可能很多父母都遇到过。聪明的父母，当和孩子无法沟通时，会懂得从孩子身边的朋友"下手"，找到和孩子之间的症结所在。事例中的蕾蕾妈妈就是个聪明的家长，当她发现女儿有心事并且拒绝与自己沟通时，她选择了向女儿的好朋友丹丹求助，这不失为一个沟通的良方。

可能很多父母都发现了，孩子进入青春期后，似乎一夜之间变了，变得好像与父母相隔千里，过去无话不讲的孩子突然不说话了，不愿意交谈。放学后回到家，就一头扎在自己的屋子里，宁愿把那些心事告诉陌生的网友，也不愿意与父母交流。对此，很多父母不解，但更多的是不知所措。

孩子出现这些情况是有原因的，包括生理上的和心理上的。进入青春期后，他们再也不是天真无邪的儿童了，他们有了成长的烦恼。同时，学习的压力、父母的期望，这些都会对这个并不成熟的孩子产生压力。于是，他们需要释放，需要向他人倾诉。但是他们不好意思向父母诉说这些事情。而且，就算他们愿意向父母诉说，大部分父母也都不能以正确的态度对待孩子的这些问题。听到孩子这些"心事"，他们要么会训斥孩子"不务正业"，要么会嘲笑孩子，总之会使孩子很尴尬。所以，这些孩子宁愿把"心事"讲给陌生人听，也不愿意告诉父母。

国外心理学家通过一项对两万多名青春期孩子的研究发现：孩子在12岁以前很愿意与父母交谈他们的想法，但之后却有明显的变化，尽管父母对孩子的态度一如既往，但孩子有了问题和想法，他们更多地会与朋友交谈。因此，与孩子的好朋友保持沟通，是父母可以掌握青春期孩子心理变化的一个巧妙方法。

同龄的孩子之间往往有更多的语言，他们面临的是同样的学习环境，成长中相似的烦恼，因而他们都愿意与朋友或者同学倾诉自己的心事，因为他们会得到理解。所以，青春期的孩子们一般都会很注重友谊，不愿意把朋友托付给自己的秘密透露给他人。可见，父母要想和孩子的朋友沟通、了解孩子的内心，是需要下一番工夫的。

心理支招

1. 晓之以理，动之以情，让孩子的朋友了解你善意的动机

和事例中的蕾蕾妈妈一样，当丹丹不肯"出卖"朋友告诉自己的秘密时，她以一句"只有你告诉我了，我才知道问题出在哪里，才能使蕾蕾摆脱烦恼呀。你愿意帮助你的好朋友吗？"这样的理由打动了丹丹，因为她也希望可以帮助蕾蕾。孩子都是单纯的，当他了解你善意的动机后，一般都会愿意与你"合作"，为自己的朋友解决问题。

2. 尊重孩子的隐私，有些秘密不可窥探

我们提倡父母与孩子的好朋友保持沟通，并不是要父母去窥视孩子的秘密。青春期的孩子拥有秘密是很正常的事情，父母即使知道了这一秘密，也不可指出来。这样，孩子会体会到你对他的尊重。这时候，他可能会愿意主动谈及自己的某些秘密，而不需要你通过他的朋友了解。

3. "秘密"沟通，绕开孩子，了解他的心理变化

父母要明白和孩子的朋友保持沟通，并不是监视孩子，而是了解孩子的心理变化，以便及时对孩子引导。对此，父母最好不要让孩子知道。因为孩子并不能理解父母的良苦用心，甚至会感到愤怒，他们之间的友谊也会产生危机。此时，你的好心可能就办了坏事。

其实，他们的秘密之所以不愿意让父母知道，是因为父母总是用高高在上的姿态去教育他们。但如果父母换一种姿态，不是高高在上的指导者，而是地位平等的朋友，也许孩子就会把自己的小秘密告诉父母。所以，父母与孩子好朋友保持沟通，是增加了解孩子心理变化的渠道，为成为孩子的知心朋友打下基础。

第七章
青春期孩子有了自己的心事，父母这样做和孩子实现有效交流

青春期的孩子自尊心更强，批评他们要适度

父 母 的 烦 恼

牛女士一直在国外工作，她的女儿琳达也就一直住在外婆家里。就在前年，琳达上了初中后，牛女士意识到孩子教育问题的重要，就回国了。这两年以来，虽然母女俩相处得不错，可是琳达似乎总是对母亲畏惧三分。最近，牛女士准备让琳达参加全国小提琴大赛，当她问女儿的想法时，没想到女儿却说："妈妈，我不想参加。"

"能告诉我原因吗？"

"没为什么，就是不想参加。"琳达的回答让牛女士很不高兴。

"为什么？你还好意思问。你在家里这两年，这孩子一点都不高兴，无论是考试，还是大大小小的比赛，只要琳达发挥得不好，你就责怪她。她已经十五岁了，是有自尊的。我只知道我那个活泼、自信、开朗的外孙女已经不见了，这孩子现在一点自信都没有，还参加什么小提琴大赛？"在厨房干活的琳达外婆生气地对女儿说了这一番话，牛女士若有所思。

为人父母，除了给孩子生命，还需要教育他们。孩子犯错了，批评管教少不得。但孩子的心灵是脆弱的，父母批评教育孩子，千万不能伤害孩子的自尊。

同样，对于自我意识逐渐增强的青春期孩子来说，他们有很强的自尊心。父母对孩子的任何批评必须讲究方式方法。如果孩子一犯错，父母就采取谩

133

骂、呵斥的方式，那么，不但不能让孩子接受并改正错误，还会给家庭生活带来很多困扰。

心理专家告诉我们：要了解孩子的承受能力，并选择适合的批评方式，这样可以帮助孩子更好地改正错误，但父母必须掌握以下几个在批评孩子时说话的原则。

心理支招

1. 任何时候都不要随意惩罚孩子

打骂会对孩子的心理造成损伤吗？答案是：当然！父母不能把自己对孩子失败的烦恼发泄在孩子身上，更不能当着外人的面打骂或嘲笑挖苦孩子。父母要时刻牢记，自己应该始终给孩子坚强的拥抱。以恶劣的态度对待孩子，一来会激发孩子的逆反心理，二来会打击孩子脆弱的心灵，更糟糕的是，孩子还会怀疑父母是否真的爱他。

2. 注意时间和场合

批评孩子尽量不要在清晨、吃饭时、睡觉前。在清晨批评孩子，可能会破坏孩子一天的好心情；吃饭时批评孩子，会影响孩子的食欲，长此以往会对孩子的身体健康不利；睡觉前批评孩子，会影响孩子的睡眠，不利于孩子的身体发育。

3. 冷却自己的情绪

孩子犯了错，特别是犯了比较大的错或者屡错屡犯时，做父母的难免会感到心烦意乱，情绪波动会比较大，很可能会在一时冲动之下对孩子说出不该说的话，或者做出不该做的举动，这都可能会对自己和孩子产生极为不良的影响。

4. 先进行自我批评

父母是孩子的第一任老师，孩子犯错误，父母或多或少都有一定的责任。在批评孩子之前，如果父母能先来一番自我批评，如："这事也不全怪你，妈妈也有责任""只怪爸爸平时工作太忙，对你不够关心"等，会让父母和孩子的心理距离一下子被拉得很近，会让孩子更乐意接受父母的批评，同时也可以培养孩子勇于承担责任、勇于自我批评的良好品质。一举多得，父母又何乐而不为呢？

5. 一事归一事

在批评孩子的时候，父母要明白，批评是为了让孩子知道，做什么样的事会带来什么样的后果，而不是为了伤害孩子或给孩子贴上"坏孩子"的标签。

6. 给孩子倾诉的机会

导致孩子犯错的原因是多种多样的，有孩子主观方面的失误，但也有可能是不以孩子的意志为转移的客观原因造成的。从主观方面来说，有可能是有意为之，也有可能是无心所致；有可能是态度问题，也可能是能力不足等。

所以，当孩子犯错后，不要剥夺孩子说话的权利，要给孩子一个倾诉的机会，让孩子把自己想说的话说出来，这样父母会对孩子所犯的错误有一个更全面、更清楚的认识，对孩子的批评会更有针对性，也让孩子能心悦诚服地接受父母的批评。

7. 父母在批评孩子时要形成"统一战线"

要知道，父母一个唱红脸，一个唱白脸，其实对孩子的成长是不利的。因为如果这样，当孩子犯错后，他们所想的不是如何去认识和改正错误，而是积极去寻求一种庇护，寻求精神的"避难所"，他们甚至可能因此变得肆无忌惮，为所欲为。所以，当孩子犯错后，父母一定要保持高度一致，共同努力，让孩子能正视自己所犯的错误并努力改正。

8. 批评孩子之后要给孩子一些心理上的安慰

父母在批评孩子后，应及时给孩子一些心理上的安慰，可以从语言上来安慰孩子，比如说些"没关系，知道错了改正就行""爸爸妈妈也有犯错的时候，重新再来"之类的话。

总之，作为父母，如果你希望自己的孩子能坦然面对失败，勇敢面对挫折，首先要做的就是端正好自己的态度！

> 锦囊
>
> 面对有心事的孩子，可以尝试倾听、共情、开放性提问以激发更深层次的对话，创造安全的沟通环境、以身作则等。但有时，即使做了上述所有努力，孩子可能还是不会立即开口，需要时间来整理自己的思绪。这时，耐心等待就显得尤为重要。不要强迫孩子立刻说出心里话，给他们足够的时间和空间，同时持续传递你的爱和支持。记住，沟通如同一场马拉松，而非短跑。

第八章

面对孩子焦虑、情绪化该如何化解

焦虑和情绪化是孩子成长中的一部分，既是挑战，也是机遇。

"总是无法集中注意力学习"——青春期焦虑症是怎么回事

父母的烦恼

宋女士的儿子小伟15岁,正在上初三。马上要中考了,孩子一直努力学习。但最近,她发现孩子好像精神有些恍惚,束手无策的她带着孩子来心理诊所看医生。

在医生的指导下,小伟说出了自己的状况:

"从初中三年级开始,我就出现了心理问题,主要表现为每到考试临近,就紧张焦虑,还伴有较严重的睡眠障碍。

"我在重点中学学习,自幼有良好的学习习惯,记忆力也很强,遵守纪律,尊敬师长,所以深受老师的器重。

"因为老师器重我,所以只要市里、区里或学校里有竞赛活动,不管是什么竞赛,老师都要选派我去参加。为此,我的学习负担十分沉重,我感到精神压力很大,简直不堪重负。老师当然是一片好心,我也认为应当对得起老师,因而深恐竞赛失利,对各科的学习也都抓得很紧很紧。但在心底深处我对这种竞赛性的考试很反感,尤其是数理化的竞赛,更是让我头疼至极。而老师却总是对我说,这是莫大的荣誉,是学校和老师对我的重视。我也只好硬着头皮强记、强学、强练。每逢竞考,'战前'的几天我都要死背硬背、苦练苦算到深夜。

"有天晚上,我正在背第二天竞赛科目的内容,恰逢邻居在请客喝酒,猜拳行令的声音很大，吵得我无法看书。我又急又气，心中烦躁至极。就是从那个时刻，我心头产生了强烈的怨恨。一恨老师总让我参加各种竞考，使我疲惫不堪；二恨隔壁的人整夜吵闹，扰乱了自己的复习；三恨母亲不该让我留在市里读这个使人疲于应付的重点中学。在这种焦虑怨恨的情绪状态下，我一夜也没睡着，第二天在考场上打了败仗。从此就经常失眠、多梦，梦中不是梦见在做数理的竞赛题，就是梦见在竞赛时交了白卷。而且，我上课开始注意力不集中，总是开小差，考试成绩也一次比一次差。为此，我很苦恼，我该怎么办？我还要参加中考呢！"

小伟的这种情况属于青春期焦虑症。焦虑症即通常所称的焦虑状态，全称为焦虑性神经病。

那么，什么是焦虑症呢？

焦虑症是一种具有持久性焦虑、恐惧、紧张情绪和植物神经活动障碍的脑机能失调，常伴有运动性不安和躯体不适感。发病原因为精神因素，如处于紧张的环境不能适应，遭遇不幸或难以承担比较复杂且困难的工作等。

焦虑症的病前性格大多为胆小怕事，自卑多疑，做事思前想后，犹豫不决，对新事物及新环境不能很快适应。

青春期焦虑症就是一种常见的心理疾病。处于青春期的孩子向来是焦虑症的易发人群，他们的生理与心理都处于人生的转折点。许多孩子在这一期间，会变得异常敏感，情绪不稳，由于身心没有发育成熟，他们往往无法正确排解自己的不良情绪。

青春期是人生的转折点，身体上的变化也给孩子的心理带来一些冲击，他们会对自己的身体产生一种神秘感，甚至不知所措，他们可能因此自卑、敏感、多疑、孤僻。青春期焦虑症会严重危害孩子的身心健康，长期处于焦虑状态，还会诱发神经衰弱症。那么，作为父母，该如何指导青春期的孩子缓解青春期焦虑症呢？

💡 心理支招

我们可以传授给孩子以下几种心理疗法：

1. 自我暗示

自我治疗和心理暗示是治疗青春期焦虑症最有效的方法。青春期的孩子，在日常的学习和生活中，难免会遇到一些不愉快的事。这时，你可以告诉孩子这样自我暗示：树立自信，正确认识自己，相信自己有处理突发事件和完成各种工作的能力。通过暗示，孩子每多一点自信，焦虑程度就会降低一些，同时又反过来使孩子变得更自信。这个良性循环将帮助孩子摆脱焦虑症的纠缠。

2. 分析疗法

事实上，青春期孩子的焦虑症很多是由于曾经发生过的事带来了不好的情绪体验，从而影响到潜意识。因此，要想这些潜意识消失，父母可以帮助孩子做自我分析，分析产生焦虑的原因，或通过心理医生的协助，把深藏于潜意识中的"病根"挖出来，必要时可进行发泄，这样，症状一般可以消失。否则，孩子会整天忧心忡忡、惶惶犹如大难将至，痛苦焦虑。

3. 转移孩子的注意力

焦虑症的孩子发病时脑中总是盯紧某一目标，然后胡思乱想，坐立不安，痛苦不堪，此时父母可帮助孩子转移注意力。如孩子胡思乱想，你可以找一本有趣的能吸引人的书读，或带领孩子进行他喜欢的娱乐活动，或进行紧张的体力劳动或体育运动，以帮助其忘却痛苦。

当然，如果孩子心理治疗无效，就要在医生的指导下服用相应的药物。总之，青春期焦虑症对孩子学习、生活、人际交往等都产生了十分消极的影响。父母必须引起重视，以帮助孩子尽早从焦虑的阴影中走出来！

"我不需要老师的管教"——引导孩子学会理解老师

父母的烦恼

严先生五年前就离婚了,那时候,他的女儿小雅才8岁,而一转眼,女儿已经上初二了。人们都说单亲家庭的孩子难管教,严先生现在才意识到。严先生最担心的是小雅的学习,因为小雅严重偏科。通常来说,小雅在语文和英语这两门学科上,都能考到高分甚至经常拿第一名,但对数学却一窍不通。即使严先生经常告诉小雅:"学好数理化,走遍天下都不怕。"但小雅对数学还是提不起兴趣。后来,严先生通过了解才知道,半年前数学老师对女儿的一次管教后,她便开始讨厌学数学。

那天,严先生急急忙忙下班回家就开始做饭,没过一会儿,女儿回来了。一进门,女儿就把书包重重地摔在桌子上,严先生不解:"怎么了,这么大脾气?"

"没事,做你的饭吧,我不吃了。"说完,女儿又拿着书包回了房间。

晚上,无论严先生怎么哄,女儿都不肯吃饭。

严先生这才想起来,自打那次之后,女儿好像就不怎么做数学题,也不怎么看数学书了。

可能很多青春期的孩子都被老师管教过,大部分的原因都不外乎孩子上课不听课、打架、考试成绩差等。但这个年龄段的孩子,一般都不服老师的管教,这也就是为什么小雅会因此大发脾气。

那么，青春期的孩子为什么不服老师的管教呢？

1. 青春期孩子的逆反心理

青春期到来之后，孩子的生理的变化也给他们带来激烈的心理震荡。当他们把目光从外部世界转向内部世界以后，发现自己已不是原先的"我"了，儿童时代的"我"变成了一个全新的"我"了。他们发现不但身体不是"我的"，就连个性也不是"我的"，而是父母、老师和其他人造就的。于是他们生气了，随之便与原来的"我"决裂，要求摆脱父母和老师的束缚，要求独立、自主，从原先的一切依赖中挣脱出来，寻求真正的自我，独立意识空前强烈。如果老师管教他们，他们就会觉得又做回原先的"我"了。

2. 老师"不恰当"的管教

这里的"不恰当"，一般指的是老师对学生的误解，比如，误认为孩子偷了东西或者片面地认为孩子打架的原因在某一方。

另外，很多中学老师还沿用小学时候的"保姆式"的管教方式。而很明显，青春期的孩子渴望独立，很容易对老师的这种教育方法产生反感情绪。

3. 繁重的课业负担

青春期的孩子一般都已经进入中学，学习强度要远远高于小学。课程增加、科目众多、难度增大、课时加长、作业增多，如果跟不上这种强度的变化，也会让孩子对老师产生逆反心理，进而不服老师的管教。

学习是孩子生活中最主要也是最重要的部分。如果孩子不服老师的管教，甚至出现一些负面情绪，那么，很可能会导致其对学习产生厌烦情绪，甚至厌学等。因此，父母一定要做好孩子的心理疏导工作。

心理支招

1. 给孩子发泄情绪的机会

要做到这一点，父母需要不断提醒自己：孩子的行为并非针对自己。青春期孩子就是易激动、脾气坏，因此，即使孩子把坏情绪带到家中，你也要给其发泄的机会，而不应该硬性压制。应避免争吵，对于情绪中的孩子而言，争吵只会激化矛盾。

2. 为青春期的孩子创造安全的家庭气氛

可能孩子会觉得，被老师惩罚是一件很丢人、伤心的事。此时，你要让孩子知道，家庭是一个保护他的地方，是一个温暖的港湾。创造一个安全的家庭气氛对青春期的孩子至关重要。

你可以鼓励孩子："看得出来，今天你受了委屈，能跟妈妈说说吗？"这句话，会让你的孩子感受到你的关心和理解。

3. 和老师沟通，弄清事情原委

如果孩子只是做作业不认真或者上课开小差等，并无大碍；而如果孩子违纪或者做出一些出格的事，就需要引起注意，父母要密切观察孩子的举动，以防孩子走上歧途。

总之，对于那些青春期的孩子来说，生活中的一点一滴都可能触动他们敏感的神经。作为父母，一定要对孩子多加关心，并及时帮助孩子疏导那些不良情绪！

孩子的心情总是阴晴不定——理解青春期孩子情绪的不稳定

父母的烦恼

崔女士在一家私企当主管,手下管着几十个人,所以,工作很繁忙,免不了回到了家还带着工作中的情绪。

这不,她回家看见丈夫居然在看报纸,也不做饭,就有点不高兴了:"蕾蕾一会儿回来饿了怎么办?你怎么不做饭?"

"我怕我做的饭,不合你们母女俩意,那不找骂吗?"丈夫一脸委屈的样子,她也就没说什么了。

"爸妈,我饿了,怎么还不做饭?"这时,蕾蕾正好回来了。看见爸妈没做饭,她不高兴了,一把把门摔上,看自己的书去了。

"这孩子怎么了,现在怎么脾气这么坏了?小时候可不是这样,越长大越不好管了啊?我去跟她评评理,这是什么态度?"崔女士很生气,正想冲进女儿的卧室,教育女儿一下,却被丈夫一把拉住。

"孩子这个年纪,情绪不稳定是正常的。我们大人也不例外,你刚刚回家,不也是这样吗?我们要理解呀……"崔女士觉得是这么个理儿,火也就消了。

喜、怒、哀、乐、恐惧、沮丧等,是所有人都会有这些情绪。但到了青春期，人们的情绪变化得会更快。青春发育期作为一生中迅猛发育的时期，孩子的形态、生理、心理都在急剧变化，特别是生殖系统的变化生长，会给孩子带来不少暂时性的困难。同时，他们要求独立的意识也随之加强。于是，孩子会像一匹脱缰的野马，那些情绪也随之四处乱撞。可能刚刚那个活泼开朗的孩子一下子就变得闷闷不乐、喜怒无常、神神秘秘了。

孩子长大了，很多父母知道为孩子增加丰富的食物营养，却不太注意这个时期的孩子内心世界的变化和需要。父母对于孩子多变的情绪也无从理解，这导致孩子最终与自己的距离越来越远，也会很容易产生父母子女关系的对抗。很多孩子发出感叹："为什么爸妈不理解我？"

当孩子进入初中以后，父母就要体贴和理解孩子，要关心孩子身心发展的状况，对他们某些特有的行为举止要予以理解并认真对待。父母只有认识到青春期的特点，理解孩子，才能和孩子做朋友，帮助孩子渡过这个"多事之秋"！

那么，当你们对孩子的情绪予以理解以后，又该怎样帮助孩子顺利处理好情绪呢？

心理支招

1. 告诉孩子"降温处理法"

"情绪"之所以称为"情绪"，就是因为它通常是"一时兴起"的。在这种情况下，不管做什么事情，都是不理智的、欠缺考虑的。所以，作为父母，当孩子产生情绪后，你不妨先不理他，这既可以让你自己先冷静下来，也给了孩子一个考虑的时间，避免了在气头上把本想制止孩子不听话的行为变为"不信我就管不了你"的较量和在孩子身上发泄怒气的情况，也不给孩子因"火上浇油"而继续发作的机会。

其实，这是一种心理惩罚。孩子会发现，自己的这种情绪完全是没有道理的。当孩子的情绪"温度"降下来以后，你再告诉他你这样做的目的是不让他冲动，然后让他也学会这种情绪调节的方法，以此帮助他提高自我制约能力。

2. 做好表率，在生活中多寻找情绪的出口

家庭气氛的融洽与否，直接关系到孩子情绪自我控制能力的强弱。如果在一个家庭中，父母动不动就大发雷霆，或者父母脾气暴躁，那么，是培养不出一个自我情绪控制良好的孩子的。因为父母解决问题的方法、对他人的态度会潜移默化地影响孩子，如果孩子从他们身上接纳的是消极的处事策略，久而久之，好发脾气、我行我素等不健康的个性就会在孩子身上显现。所以，在家庭教育中，父母要想成为孩子的朋友并用自己的言行积极地影响孩子，就必须首先改变自己。当你要发脾气之前想想身边的孩子，控制住自己，换一种方式解决问题，也为自己找个情绪的出口。

3. 培养孩子理智的个性品质

每个孩子与生俱来都有着不同的个性特点，但不管哪一种个性的形成都是一个渐变的过程。有些孩子把什么都挂在脸上，做事冲动、情绪易怒等。如果父母对于孩子的这种个性品质听之任之，那么，孩子就会把父母的容忍当成武器。而如果父母在生活中能够对孩子晓之以理，让孩子从各个方面了解情绪化的危害，那么，孩子也就能慢慢学会控制自己的情绪，逐渐变得理智、成熟起来。

以上是几个简单的能帮助青春期孩子调节情绪的方法，但前提是，作为父母，一定要理解孩子。如果父母经常用指责训斥的粗暴方法压制孩子，容易使孩子产生逆反心理，他们会以各种不良行为来对抗粗暴、发泄不满，这不利于孩子控制情绪和自己的行为，也会使孩子任性。父母和孩子做朋友，用理解、劝导的方式来指导他们，他们一定可以快些度过这一情绪多变期！

"好兄弟就要两肋插刀"
——青春期的孩子盲目讲哥们义气该怎么引导

父母的烦恼

这天,某中学初一三班发生了一件令人"震撼"的事。

为期三个月的班干部试用期过了,班主任老师让班上的同学重新选出班干部。结果,对于班长这一职务,班上的男生一半选择原来的代理班长,另外一半男生选择了戴晓松同学,并且两人的票数完全一致。那天中午,班主任老师让大家再商量一下,下午做出决定,结果,就在午休的半小时中,班上出现了一场激烈的争论,要不是班主任老师及时出现,这些男孩子都抄起"家伙"了。经过了解,原来这两位班长"候选"人,早就在班上培植了一批"小弟"了。有几个胆小的男孩对老师透露,其实他们不想加入的,但又怕被其他男同学鄙视,就加入了。老师是又气又急,现在的孩子,小小年纪,就盲目讲哥们儿义气。

后来,班主任老师请来了几位家长,共同商量怎么解决这件事。有位家长说:"我的儿子学习非常好,这您是知道的,但就是逆反心理特强,不听我们的话。另外,这孩子从小就喜欢看《水浒传》,因此特别注重友谊。今年暑假的时候,他去看了他小时候的玩伴,那个男孩被同学打了,我儿子居然买了一把很长的匕首,非要帮玩伴报仇。要不是我们及时发现,恐怕已经酿成大错了。老师,这种孩子的心态是怎么样的,我们应该怎么教育呢?"

这些现象在青春期的孩子身上并不少见，尤其是多发于在男孩子间。这些孩子，随着年龄的增长、视野的开阔，对外界事物所持的态度以及情感体验也不断丰富起来。他们渴望交友，认为相互之间称兄道弟，并盟誓有福同享，有难同当等，这就是哥们义气。

他们视几个人或某个小集体的利益高于一切，但这与同学之间的真正友谊是截然不同的。

生活中，有些父母认为，孩子有几个铁哥们儿，在学校就不会孤单了。于是，他们放宽了心，把孩子交给了学校，由老师全权管理。当孩子因为打架斗殴被学校处分的时候，他们才意识到自己的失职。孩子盲目讲哥们义气，很容易误入歧途。那么，作为父母，应该怎样引导孩子理智对待友谊，摒弃哥们义气的行事风范呢？

心理支招

1. 让孩子认清友谊与哥们义气的不同

青春期的孩子涉世不深，善良单纯，注重友情，与人交往感情真挚。但毕竟，这些孩子缺乏明确的道德观念，分不清什么是真正的友谊，甚至把"江湖义气"当成交朋友的条件，使自己误入歧途。

作为父母，应该告诉孩子，友谊应该是人与人之间的一种真挚的情感，是一种高尚的情操，友谊使你获得朋友。当你遇到困难和危险时，朋友会无私帮助；当你有了烦恼和苦闷时，可以向朋友倾诉。

而友谊与哥们义气是不同的。友谊是有原则、有界限的，友谊对于交往双方起到的都是有利的作用，因为友谊最起码的底线是不能违反法律，不能违背社会公德。而"哥们义气"源于江湖义气，是没有道德和法律界限的，为"哥们"两肋插刀，这就是他们所信奉的。友谊需要互相理解和帮助，需要义气，但这种义气是要讲原则的。如果不辨是非地为"朋友"两肋插刀，甚至不顾后果，不负责任地迎合朋友的不正当需要，这不是真正的友谊，也算不上真正的义气。

2. 理解孩子渴望友谊的心情

那些喜欢讲哥们义气的孩子，相对来说，都缺乏老师的肯定，从而希望在同龄人身上得到别人的赞同。处于青春期的孩子，渴望与人交往，获得友谊，对此，父母要予以理解。你可以告诉孩子："妈妈知道你学习紧张，需要一个可以倾诉的朋友，你可以把妈妈当成好朋友啊！"孩子在得到父母的认同后，也就会与父母坦诚地交流了。

3. 培养孩子的是非观念，提高辨别能力

对孩子是非观念的培养是需要一个过程的，父母要以鼓励为主。当孩子有所进步的时候，父母要鼓励、表扬和奖赏他，这样可以使他得到精神上的满足和感情上的愉悦。孩子做错了，父母不应体罚他，而应进行必要的严肃的批评，耐着性子和孩子说理。

4. 教会孩子克制冲动的情绪

有时候，孩子在朋友遇到困难或者不利时，出于义气，他们会不经过思考，做出一些冲动的行为，比如为了朋友打群架等。其实，孩子的想法并没有错，只是太过冲动，有时候好心办了坏事。

对于这种情况，父母应该告诉孩子："你这样做，并不能真正帮助朋友，冲动起不了任何作用，反而帮了倒忙！朋友有难，你该帮助，但是要选用正确的办法！"你不妨让他先冷静下来，找到解决问题的办法。

"我真的很差劲"——孩子总是情绪低落、自卑

父母的烦恼

詹太太的女儿蕾蕾今年刚上初一。上了初中以后,蕾蕾变了好多,越来越不喜欢说话了,周末,也不愿意与以前的朋友一起玩了,一有时间,就把自己锁在房间里。

"蕾蕾很奇怪,她这是怎么了?"詹太太问自己的丈夫。

"我也不知道,最近她好像突然一下子自卑起来了。有一天,她还对我说:'我和以前不一样了,小学的时候,我是尖子生,可是上了初中,班上优秀的人太多了,我成绩不如以前了,连人缘也不好,我都不好意思和彤彤做朋友了,我简直一无是处!'"蕾蕾爸爸说完这些,长叹了一口气。

接着他说:"蕾蕾开学第一周的情景我还历历在目。一下子,作业远比小学时多了很多,而且做完还要自己对答案,判正误,并做改正。每一项家长都要签字。如此下来,晚上十点都完成不了。蕾蕾很不习惯。看着她睡眼蒙胧的样子,真是痛苦。蕾蕾甚至说:'爸爸,我是不是变笨了?要是永远上小学多好,中学太难了,作业太多了,老师要把我们累死了,我不喜欢上学!'"

"是啊,孩子上初中了,学习环境变了,学习难度加大了,这种心态的出现是正常的。但作为家长,我们一定要帮助孩子及时调整好,不能耽误了孩子后面的学习呀!"

"你说得对呀……"

蕾蕾的这种自卑心理，在很多步入中学的青春期孩子身上都出现过。步入中学后，孩子的生活环境、学习环境明显改变了。另外，被老师重视的境况也改变了，自己不再是老师关照的尖子生，周围优秀的同学太多了，小学时候的玩伴也有了自己新的生活圈子。于是，这些孩子就会变得心情低落并自卑起来，对学习失去了兴趣，不愿意与人交往等，成绩也随之下降。父母也经常抱怨："我的孩子以前成绩挺好的，表现也很优秀，为什么现在全变样啦？"其实，原因很简单，你的孩子需要鼓励，需要重新燃起学习的热情，找到自己身上的优点。因此，作为父母，面对孩子这种低落的情绪，一定不要听之任之，也不要采取棍棒教育，而是要做到"言传身教"，帮助孩子顺利度过这个心理过渡期。

那么，父母应该怎样让孩子看到自己身上的优点，从而精神饱满地投入学习和生活中呢？

心理支招

1. 让孩子认识到学习难度加大，帮孩子找回自信

如果孩子在小学时是个尖子生，各方面都出类拔萃。而步入中学后，优秀的学生增多，大家竞争比较厉害，许多同学成绩不分上下，你的孩子学习成绩却有所下降。这时，你的孩子便会失去信心。此时，你可以把他小学的试卷拿出来，让他知道中学的知识和小学的相比有很大差异，并不是他的能力差了，这样有助于孩子找回自信。

2. 鼓励孩子，相信孩子能行

孩子升学后，肯定会感到学习压力增加。作为父母，不要一味地给孩子施加压力，你不妨多鼓励孩子，告诉他："爸妈相信你，你一定能做到！"

3. 肯定孩子的能力

孩子的学习课程一下子增加了很多，晚上做作业到很晚，开始有点儿泄气。这时，父母不能严加指责孩子，而应该说："这很正常呀，只是新环境要适应，过几天就好了。妈妈同事家的孩子，比你完成作业的时间还晚呢！你可比他快多了！"孩子听到父母的肯定，便会精神倍增，因为父母的肯定是孩子最大的学习动力。在家庭教育中，父母最好不要在孩子面前发表负面意见，多以正面引导。

4. 多寻找孩子的其他优点

学习虽是学生的天职，但分数并不能代表一切。当孩子成绩不理想时，不要横加指责，也不要要求孩子必须考多少分以上，考第几名等，更不要考试前说你若考多少分、多少名次以上怎么奖励，否则怎么惩罚。分数是重要的，但不是唯一的。

如果孩子没有自信，你更不要过于注重孩子的分数，你要试着在孩子身上找到他其他的优点：比如孩子的动手能力强、孝顺父母、团结同学、热爱劳动等，并举出事例。这样，孩子即使成绩不好，也会有值得自豪的优点，也就不会丧失信心了。

5. 总结学习过程中的经验教训

失败必定会让这些初中的孩子们感到受挫，尤其是在学习上。作为父母，可以告诉孩子一些学习的经验，比如，可以让他把自己容易混淆的概念和容易出错的知识分类汇总进行对比，以强化理解和记忆，同时加强一些基本的训练。这样，孩子便会一点点进步，也就能逐渐找回自信了；否则，在一次次的失败中，他对自己就更没有信心了。

总之，父母需要明白的是，孩子虽然已经步入中学了，但年龄还小，还是处于暴风雨般的青春期，遇到一些小小的挫折，就容易产生强烈的挫败感，变得一蹶不振，自暴自弃，自我贬低等。作为父母，只有帮助孩子找出那些无法代替的优点和潜能，孩子才会逐步自信起来！

> 青春期的焦虑与情绪化是成长中的一部分，既是挑战也是机遇。他们可能动不动就发脾气、焦躁不安、伤心等，此时，父母避免用言语暴力去激化矛盾，而应该在他们这一极端时期扮演"消防员"的角色。通过理解、沟通、教育、示范和支持，给予孩子稳定感，教他们学会驾驭情绪。

第九章

青春期孩子有了身体上的变化，父母帮助梳理生理烦恼

> 无论是身体上的还是心理上的变化，都是父母不容回避的事实。

"怎么会做那样的梦"——告诉孩子梦中的性并不可耻

父母的烦恼

陈红在一所中学任教,为了能照顾女儿可可,她就当了女儿所在班级的班主任。然而,可可的学习成绩并不好,一直处于中下游水平。青春期后,陈红发现女儿更加腼腆了,甚至都不和男同学说话。最近一段时间,陈红觉得女儿奇奇怪怪的,整天精神恍惚,甚至连上课都在走神,陈红决定和可可好好谈谈。

"可可,今天妈妈决定和你谈谈。你最近心事重重的,是不是遇到什么事了?"

"没事。"

"可能你不愿意说,不过妈妈答应你,我绝不会把你的秘密告诉别人。"

"我还是觉得很羞耻,难以启齿。"听到女儿这么说,陈红也就猜出一二了。

"是不是关于身体方面的?"陈红顺势问。

"你怎么知道?"可可很吃惊地问道。

"我猜的。不过到了你这个年纪,这些问题都是很正常的。如果你愿意的话,就告诉妈妈,妈妈能帮助你解除这些困惑。"

"我最近认识了一个高年级男孩,慢慢地,我开始做一些奇怪的梦。晚上我躺在床上,满脑子都是他的影子,白天那种触电般的感觉总像毛毛虫一样刺激着我,还开始做和他在一起的梦。为了把他从我的脑海里赶走,我强迫自己读书,但往往眼睛看着书本却不知道看的什么内容。可偏偏也怪了,对于一些描写爱情的小说、诗歌及恋

157

爱指南书籍我又特感兴趣。在这种矛盾心理的折磨下，我的学习成绩下降了。"

"你喜欢的不会是张风吧？"陈红说。

"妈妈，你怎么知道？"

"我女儿的心思我能不知道吗？我们先暂时不谈这个，关于你说的梦到他的问题，妈妈想说的是……"

其实，可可的故事在很多女孩身上都发生过。当孩子步入青春期，在性激素的影响下，有性的萌动，甚至有性幻想，并且对性梦都感到羞耻。针对这一点，父母一定要让孩子知道，这是青春期性意识成熟的一种表现，不必大惊小怪。

从生理角度上看，性冲动不受大脑支配而是由血液中的激素水平所决定的，是一种不以人的意志为转移的自然现象，也是一种自然能量的积累过程，当它积聚到一定程度时就要有一个合理的宣泄途径。因此，性幻想就产生了。

随着性生理的发育、两性交往的深入，青少年的欲望、性冲动也会逐渐增强。许多青春期男孩睡觉时偶尔会在梦中见到自己相识的女性或其乳房、颈、腿等部位，此时阴茎也会情不自禁地勃起，当达到极度兴奋时，就会遗精。有些女孩也会梦到自己和欣赏的男生一起嬉戏、玩耍等。许多孩子由此自责，觉得自己是个坏孩子，千方百计地去控制自己，可在梦中又不能自已。在医学上，这是一种性梦，是青春期性心理活动的重要内容之一，常发生在深睡或假寐时，以男孩居多。性梦和梦遗不是病态，而是一种不由人自控的潜意识性行为。有关专家指出，性梦是正常现象，不必大惊小怪。

国外调查报告显示，100%的男性做过性梦，男性的顶峰期在15～30岁。性梦与道德品质也没有一点关系。人不可能因为品质好就不做性梦，也不可能因为道德败坏就夜夜做性梦，做梦人完全不必自寻烦恼。

虽然性梦是正常的心理活动，但任何事物都要有个度。如果沉溺其中，对学习、对生活、对自己的健康成长都是有害的。

心理支招

1. 让孩子认识到性梦产生的原因

寻求和揭示性的奥秘是很多孩子青春期所向往的事情，他们想了解两性的秘密，因而身边的一切与性相关的事物，如电影、黄色书刊、色情故事、女性画片以及父母间的亲昵动作，都会对他们产生种种不同的影响。当他们处于清醒状态，有自我控制的能力，故在平时埋藏在心底没有表达；到了熟睡之后大脑的控制暂时消失，于是性的本能和欲望就会在梦中得到反映。所以，性梦大多是性刺激留下的痕迹引起的一种自然的表露，性成熟可能是产生性梦重要的生理原因。

2. 纠正孩子对性意识活动的错误认识

很多孩子认为这是低级下流、黄色淫秽、道德败坏的。如有的孩子由于性梦或性幻想的对象是自己的同学、邻居甚至亲友，便会产生罪恶感，认为自己乱伦、道德沦丧等。此时，除要向孩子解释性梦和性幻想的正常性和普遍性外，还应重点向孩子讲述性梦对象的不可选择性。要让孩子明白，他们之所以出现一些困扰，并不是性意识活动本身所致，而是自己对性意识活动所持的态度造成的。

3. 为孩子保密

虽然性梦是正常现象，但如果随意向外界披露性梦的内容和对象，不仅会对孩子造成伤害，还有可能引起纠纷。

总之，父母要让孩子明白：有性意识甚至做性梦都没有错，关键是如何调节和发泄。青春期应以学习为重，把精力放在学习上，就能转移性梦对自己的困扰；另外，多参加公共活动，也是一种自我调节的方式。

男孩是怎样形成的——帮男孩了解自己身体的发育情况

父母的烦恼

王先生的儿子王刚今年上初一。但就在这一年的时间内,王先生觉得儿子突然长高了很多,也不像以前那样调皮捣蛋。现在的儿子变安静了,但却好像总是心事重重的,有时躲在卫生间不知干什么,有时坐在写字台前发呆,还遮遮掩掩地看些杂志。妻子说:"小刚可能是进入青春期,开始发育了,做爸爸的应该跟儿子好好谈谈青春期的问题。"王先生也觉得应该跟孩子好好谈谈,不然看他整天胡思乱想,学习上也会受到影响。可又不知道该怎么跟他谈,谈些什么好?

这天,儿子主动找到王先生,很神秘的样子,在房间窃窃私语。

儿子:"爸,我妈不在家吧?"

王先生:"不在,怎么了?"

儿子:"我妈不在就好,我是有一些男人的问题要问你,我妈在我怎么好意思问呢?"

王先生:"男人的问题?什么问题啊?"

儿子:"我最近晚上老是做梦,梦到一些我不该梦到的事,我觉得很污秽。怎么会这样呢?我是不是和电视上说的那样得了什么心理疾病啊?"

王先生:"你能跟我说你的秘密,说明你很信任爸爸,我很高兴。其实呢,我知道你做的什么梦,爸爸像你这么年轻的时候也做过。你不必害羞,这也不是什么心理疾病，这是青春期的正常生理现象。"

儿子："是真的吗？我这是正常的？"

王先生："是正常的。只不过你要记住，青春期是你学习的时期，你需要做的是转移你的视线，多努力学习、储备知识。等过了青春期，很多问题也就不是问题了。"

青春期是人的身体发育完成的时期。青春期以前，男孩身体的各个部分几乎"按兵不动"。然而一旦青春期到来，这些部分的发育又变得"势如破竹"，十分迅猛。青春期的男孩们开始从调皮的小男孩变成一个真正的男子汉，但也开始有了一些不能说的秘密。比如，对性的冲动和幻想、对生殖器官的疑惑等。其实，这些并不是秘密，大方对待，就可以让自己快乐、健康地度过青春期！

的确，青春期的到来，也让那些无忧无虑的男孩们开始烦恼起来：为什么我长出了喉结？为什么会有阴毛的出现？自己的睾丸正常吗？我那可爱的童音怎么没有了？为什么我满脸是痘痘……这些问题一直都在烦恼着这些少不更事的男孩子。父母是过来人，可以解答儿子的疑惑，可以帮助儿子了解人体生理结构与功能的奥秘、青春期男孩生理发育与保健、青春期性生理健康指导，以及青春期的运动与健康、营养与睡眠这些知识，从而让孩子平静地接受自己身体的这些变化，安心地度过青春期！

青春期是每个人一生当中的重要时期，是从幼儿时期过渡到成人时期的一个转折阶段。在这一阶段中，孩子都会感到自身的机体在生长、发育、代谢、内分泌功能及心理状态诸方面均发生显著变化，其中生殖系统的发育与功能的日趋成熟更为引人注目。所以，青春期是由儿童成长为大人的过渡时期，是决定人一生发育水平的关键时期。男孩虽然没有女孩娇贵，但面对青春期的这些变化，也会感到忧虑、惶恐和不安。作为父母，有义务帮助孩子排除这些负面情绪，让他健康、快乐地度过青春期。

心理支招

与处于青春期的孩子谈性发育问题是父母必须做的事情。青春期是生理和心理变化都很大的年龄阶段，不少孩子因为被性发育问题困扰，而心事重重、神情恍惚，学习成绩下降。关于男孩子的性发育问题，由父亲来讲是比较适当的。

男孩子的青春期变化可以分为以下5个阶段，但是有些孩子可能出现得早些，有些可能晚些，不是完全按照下面的时间表完成的，不必担心。

8～10岁，还没有开始长阴毛，阴茎还比较小，肩膀也很细窄，整个体型和小女孩差不多。

11～12岁，睾丸激素开始作用，长得更快了，肩膀和胸膛变得宽阔，阴茎也开始发育，声音变得有些低沉，但这时发育还没有停止。

13～14岁，这两年发生的事情较多，比如第一次发现自己长阴毛了，第一次经历"湿梦"，嗓音也会在这期间变得完全低沉起来，仍处于快速生长阶段。

15～16岁，常会出现青春痘，皮肤质感有了变化，脂肪腺会产生很多的油脂，脸上可能会出现痘痘或者黑头。

17～18岁，要开始刮胡子了，就算不是每天刮，一个礼拜也要刮两三次；早期对女孩的兴趣可能变得集中到某一位特殊的"她"身上了。此时，从生理上来说已经属于成人。

总之，作为父母，应该让孩子知道生理成熟这条路是他们一定要走的，无论早晚他们都要经历。让孩子明白，父母既是孩子的长辈，也是孩子最贴心的朋友，从而帮助孩子及时调整好自己的心态，以便他们顺利地向成人世界进发。

"该怎么开口"——用孩子可以接受的方式对孩子进行"性"教育

父母的烦恼

周末的一天,秦太太和女儿丹丹在家看电视连续剧。说实话,丹丹最讨厌看这种又臭又长的电视剧了,但在家实在无聊,就勉强与妈妈一起看。

现代都市的情感剧免不了有一些"少儿不宜"的镜头,以前在看到男女接吻的时候,丹丹总是遮住自己的眼睛,觉得很害羞。而秦太太如果看到彤彤在的话,也会马上调台。可这次,丹丹居然目不转睛地盯着电视,秦太太一下子意识到女儿长大了,孩子对"性"开始有了懵懂的意识了。

"妈,男人与女人为什么要亲嘴?结了婚为什么就生小孩了?我又是怎么来的?"女儿一连串的问题让秦太太不知道怎么回答。她明白,是时候告诉女儿这些性知识了,"性"的问题,不能再对女儿避而不谈了,孩子终归是要长大的。

"彤彤啊,其实呢……"

孩子在一天天长大,昨天的她还是一个在父母怀里撒娇的小女孩,今天她已经亭亭玉立了;昨天的他还是一个喜欢抢玩具的小男孩,今天的他看见了女生都会退避三舍……此时,性健康教育成为摆在很多父母面前的一道不可回避的难题。

然而，面对这个问题，大人们似乎总是很害羞，大多数家庭中仍然是谈"性"色变；有一部分思想开放的家长想给孩子提及性健康教育，却又欲说还"羞"，不知从何说起。

有调查表明，青少年性知识70%来自电视网络、同伴之间的谈论交流和课外书籍，来自家庭的却只有5.5%；有36.4%的母亲在女儿第一次来月经之前，没有告诉孩子该如何进行处理。然而杂志、影视、文艺书籍等社会性信息有着强烈的刺激和诱惑，如果再受到同伴之间错误的性知识的干扰，很容易造成孩子性观念和性行为的偏离。

可见，结合孩子身心发育不同阶段的特点，及时对孩子进行性生理、性心理、性道德等知识教育，满足孩子渴望获得性知识的需求，是社会、学校和父母不可推卸的责任。

心理支招

1. 父母应转变观念

青春期性教育是人生教育不可缺少的一课，对孩子进行必要的青春期性教育是社会文明进步的体现。

青春发育是人生必经之途，由于性成熟而出现对性知识渴求和对异性向往是正常的。青少年十分需要从正规渠道（当然包括孩子的父母）获得有关性与生殖健康的知识。如果封闭了正确了解性知识的途径，不但不能起保护作用，反而使青少年从其他渠道接受片面的、似是而非的甚至色情淫秽的内容，妨碍其身心健康的发展。青春期性教育如果出现缺失和失误，在孩子成长期就会留下无法弥补的遗憾。

2. 从正面教育

很多父母为了避免孩子产生性尝试的欲望，往往从消极面教育孩子，比如，性会导致艾滋和其他疾病。当然，告诉孩子这些是必要的，但父母更要注重正面教育，要告诉孩子，正当的性是人类美好的东西。

当孩子向父母提出性问题时，你不要恐慌，这证明孩子已经长大了，应该为之高兴。同时，如果孩子做了一些诸如自慰之类的事时，父母既不要大喊大叫，也不要痛斥他们是什么"坏"孩子。自慰不会使孩子性狂热。性无知和羞怯才会对他们产生消极的影响。

3. 以自然的态度面对孩子的问题，恰当回答

初中的孩子已经有辨别的能力，因此，在对孩子正确地进行性教育前，父母应先有纯正思想，而后才能教导孩子有纯正观念，为孩子提供适当的性教育，使其在很自然的情况下，学习性知识。另外，对孩子好奇的一些常规问题，父母既要如实相告，又不能太复杂，否则，只会让孩子更困惑。例如：人是怎样出生的？父母可以从植物结果讲起，接着联系到人的"性"与生殖，也可以从动物的生殖活动进行示范性比喻，浅显地介绍人类生殖的生理过程，有助于孩子弄清问题。

在传统的教育中，父母总是避讳和孩子谈"性"的问题，而让孩子自己去摸索，往往使许多孩子因一时的"性"好奇，而犯下错误。父母是孩子性教育的启蒙者，以自然、正常的态度，教导孩子树立正确的性观念，才不会让孩子从一些非正面的渠道了解，才不会让他对"性"有错误的想法和观念，孩子才会身心健康地成长！

第九章
青春期孩子有了身体上的变化，父母帮助梳理生理烦恼

胸前鼓起了花骨朵——帮女儿正视自己身体的变化

父母的烦恼

费太太有个女儿叫飞飞，今年13岁了。平时，费太太会帮女儿安排好生活上的所有事，因为对女儿的成长问题，她比谁都关心。

这天早上，费太太看飞飞收拾书包去上学，那天明明是飞飞来"好朋友"的第二天，却没有装卫生巾，就提醒她："你不拿'那个'吗？"飞飞爸爸在家的时候，怕孩子尴尬，"那个"就成了母女之间的暗号。

"什么呀？"飞飞爸爸居然问了起来。

"我和女儿说话呢，你别插嘴。"

"不带了，没事儿，我走了。"飞飞怪怪的，没说完就出门了。

到了学校，飞飞坐立不安的，也不上厕所。好朋友洋洋看她不对劲，就过来问，在"好朋友"的事情上，洋洋比飞飞有经验："你是不是'好朋友'来了，不舒服啊？"

"不是，是因为我想上厕所换卫生巾。可是昨天，我去换的时候，有几个低年级的女孩老是看着我，然后还指指点点，好像我是个怪物似的。我现在一想到厕所里的情形，就不想去上厕所了。所以，早上出门的时候，我故意不多带个卫生巾，想等晚上回去再换。"

"你怎么能这么想呢？我刚开始也是这样，那段时间，闻到厕所里经血的气味我

167

就恶心，更不想在学校换，因为那些低年级的女孩子，什么都不懂，以为我们是做了什么坏事才流血的。其实，没什么，月经又不是什么坏事。相反，不及时更换卫生巾才更容易衍生细菌，容易生病。你一会给你妈打个电话，让她给你送来吧。"

飞飞听完这些以后，就立即给妈妈打了电话。青春期的这些女孩们心思还真是多。

晚上回家，费太太把一些卫生巾的使用知识一并告诉了女儿，比如，卫生巾怎么用，多久换一次，卫生护垫能不能天天用等。

月经是女性的一种正常生理现象，青春期女孩随着身体的不断成熟，必然会面临月经到来如何处理的问题。月经是指有规律的、周期性的子宫出血。月经初潮是由于女孩子生理发育达到一定程度，子宫内膜在卵巢分泌的性激素的直接作用下出现的剥离出血现象。正常的月经不是通常意义上的出血，可以把经血看成是机体代谢后排出的"废品"。月经又称为月事、月水、月信、例假、见红等，因多数人是每月出现一次而称为月经。近年来，对月经的俗称有所增加，如坏事儿了、大姨妈、倒霉了等。实际上，月经是青春期女孩的"好朋友"。

青春期的少女一般对月经没有什么经验，不知道什么时候快来月经了，常常被这"不速之客"弄得措手不及。其实，在来月经前，是有一些生理上的反常的。

由于月经前体内性激素突然减少，会影响全身系统，出现一定的反应。这些反应一般在月经前7~14天出现，来潮前2~3天加重，行经后症状逐渐减轻和消失。医学上把这些变化比较明显的叫经前期紧张症。

当然，对于青春期的女孩来说，她们在身体上的变化还有很多。面对这些变化，她们可能会感到困惑、难以启齿甚至手忙脚乱。作为父母，尤其是母亲，应该帮助孩子正确认识身体上的发育。

心理支招

一般而言，女孩子的青春期变化分为以下5个阶段，但是有些孩子可能出现得早些，有些可能晚些，不是完全按照下面的时间表完成的，不必担心。母亲可以告诉女儿：

经期记录		
日期	时长	症状

8～10岁，除了个别早熟的孩子，这个年龄段青春期还未真正开始；还没有出现乳腺发育，也还没有长出阴毛；大多数的女孩对男孩还没有真正的兴趣。

11～12岁，青春期的变化开始出现：乳房开始变大，乳头开始突出，阴部开始逐渐长出阴毛，臀部开始变得更宽；声音与原先相比有些低沉，也可能出现月经。

13～14岁，这时大部分孩子开始出现规律的月经，不再像以往那样长高或者长大得很快，但身体仍然会出现很多变化；乳房和阴部发育得更加丰满。

15～16岁，从现在开始，你的感情生活发生了显著的改变，男孩成为你关注的重点，你对男孩子越来越有兴趣；同时，你也对自己越来越有自信。

17~18岁，你现在差不多是一个完美的年轻女子了，不再是一个女孩。身体的各个方面都发育成熟，包括乳房、会阴和臀部，将来不再会有更为明显的改变。但是，你的感情世界则将继续发展，并不断走向成熟。

处于青春期的女孩，因个人体质、遗传因素和环境等很多原因的差异，身体发育的年龄也不同。作为父母，除了要保证女儿的身体营养外，还要做好孩子的心理指导师，从而让女儿坦然接受自己身体的变化。

第九章
青春期孩子有了身体上的变化，父母帮助梳理生理烦恼

不敢和异性说话——孩子为什么刻意疏远异性

父母的烦恼

这天，吴太太刚买完菜回来，就在小区门口遇到隔壁家的小刚。小刚很疑惑地问吴太太："吴阿姨，最近小玲是不是生病了？"

"没有啊，你们俩不是一个班的嘛，她天天都去上学啊！"

"那就奇怪了。"

"怎么了？"

"我以为小玲有什么心事呢。我发现，从这学期开始，她就老躲着我，平时即使看到我，都绕道而行，有时候，说不上两句话，她就急匆匆地走开了。"说完这些，小刚更不解了。

"你们吵架了？照说不会啊。"

"她是女生嘛，小时候一起玩，我都让着她，怎么可能吵架呀。"

"那我差不多知道为什么了，你放心吧，回去我会好好和她沟通的……"

吴太太明白，这是因为女儿长大了，开始知道男女有别了，在和异性交往的时候，也就刻意保持距离了。

青春期的最初阶段，男女同学相处似乎比较困难，即使是童年时代很要好的异性同学，这时也会不自然地退避。男女同学在学习、娱乐及各项活动中，

界限分明，偶有接触也显得很不自然，不像儿童时代那样无拘无束、天真烂漫。这段时期，心理学上称"异性疏远期"。同时，有些女孩或多或少地受封建落后观念"男女授受不亲"的影响，认为男女交往有伤风化。因此，慑于舆论、慑于所谓的名声，男女同学间壁垒森严，互不搭界。

一个缺乏与同龄异性接触的孩子会表现出一种不健康、不自然的与异性交往的心理。这个时期对异性交往的限制常常给他们在未来更好地鉴别、选择异性朋友带来不良的影响。正如德国医学家布洛赫指出的："完善的性教育是无害的，这种教育认为，性的本能像别的事情一样，是光明正大的、完全自然的。受过性教育的人把一切自然的东西都看作理直气壮的，承认它们的作用和必要性，性的本能对他们来说是生存的条件和前提。"性教育的目的是培养道德坚定性，从而克服两性关系中的不良现象。正确的性教育可以避免青少年生活中很多过失、错误、痛苦和不幸，使他们的身心得以健康成长。而在这个过程中，作为父母，有义务教育孩子：与异性交往，要大方优雅，以尊重为先，只有这样，才能坦然、不失分寸地和异性交往，才能获得与异性同学之间纯洁的友谊。

心理支招

1. 让孩子认识到青春期男女同学交往的益处

一些父母一听到孩子与异性同学交往，就敏感多疑，认为孩子可能早恋。其实，青春期男孩和女孩之间交往的后果，并没有很多父母想象的那么严重，甚至有一些良性的结果。当青少年进入青春期后，由于生理和心理的急剧变化，会使情绪易于波动，活动能力增强，人格独立要求增加，并付诸行动，这些都属于正常现象，而非"恋爱"。

有的女生说："我觉得男生心胸开阔，和他们在一起时我的心情也开朗了。"有些男生讲："也不知为什么，比赛时如果有女生在场观看，我们男生就跑得特别卖力。"其实，这些都说明了正常的异性交往对双方的心理健康发展都会有促进作用。由于男女同学各自特点不同，男生往往比较刚强、勇敢、不畏艰难、更具独立性，而女性则更具细腻、温柔、严谨、韧性等，男女同学的正常交往可以促使双方互补，对他们的性格发展和智力发育都有益处。

2. 告诉孩子如何与异性相处

单就青春期这一阶段来说，男女同学共同学习，相互帮助，友好相处，这是很有必要的。但与异性相处，一定要大方面对。那么，这个交往的原则应当如何把握？

（1）要以树立远大的理想为前提。在远大理想指引下的男女同学共同的学习、活动，才会不断产生新的健康的内容，产生不断向前迈进的动力。

（2）要把握语言和行为的分寸。交往要热情、开朗，尊重他人，也要自尊自爱，既要真诚相处，坦诚相助，又要端正大方。

（3）扩大交往的范围，要主动与大家一起参与集体活动。积极主动参与集体活动，努力使自己成为集体中活跃的一员，保持男女同学之间正常的友谊，不要让友谊专注在某一个人身上，尽量不要单独与某一异性同学相处。

进入青春期后，孩子在生理、心理上都产生了很大的变化，性意识也随之觉醒，他们乐意与异性同学交往。作为父母，不但不能阻止，还要予以鼓励、加以引导，让孩子坦然面对青春期的异性交往问题。

随着物质生活水平的提高，孩子生理成熟的年纪越来越提前，也就是说，他们的心理发育往往滞后于生理发育。这样的生理剧变，让青少年变得紧张、茫然。

　　青春期阶段的身体变化是生命赋予孩子的礼物，它标志着成长与成熟。作为引路人，父母的任务是陪伴孩子走过这段既复杂又美妙的旅程，教会他们以一颗平和、接纳的心去面对自己的每一个变化。让他们在探索自我、拥抱变化的过程中，成长为更加坚韧、自信的个体。

第十章

自我意识的萌芽，让青春期孩子更需要被理解和尊重

真正的尊重，是爱的另一面，能让孩子感受到理解和接纳。

"我就不能有自己的看法吗？"
——尊重孩子的意见与想法

父母的烦恼

赵雨上初中二年级时，学校要举行全校性的语文知识竞赛。赵雨告诉妈妈："老师想让我参加纠正错别字竞赛。"

"这是件很好的事，你去报名了吗？"

"还没有。"

"为什么？是不是没有想好？"妈妈问。

"竞赛时台下会有很多人看，我有点害怕。"赵雨很激动，毕竟这是她第一次参加这种集体性的竞赛活动。

"参加竞赛，可以锻炼锻炼自己。不过这件事你还是自己决定，我只是告诉你我的想法。"妈妈鼓励道。

后来，赵雨决定参加这次全校的语文知识竞赛。

每个人都有自己独立的人生，孩子也是一样，让孩子自己做抉择，也有助于强化他的自我意识。赵雨的妈妈是位家庭教育的有心人，她也是明智的。让孩子自己做决定，尽管他会遇到一些挫折，但那些挫折最终和成就交织在一起，会让他感觉到自己的生命是丰富多彩的，"更重要的是，这是他自己的"。

青春期的孩子已经开始形成独立自主的性格，他们希望可以按照自己的想法说话、做事，但不少父母却因为害怕孩子走弯路而进行压制，其实，这样做只会让孩子越来越疏远你。

作为家长，在家庭教育的过程中，如果把自己的意愿投射到孩子身上，往往会事与愿违。比如，很多父母为了让孩子出人头地，会让孩子学习各种知识及各种技能。但实际上，孩子并不会按照父母的意愿好好地学习；更糟糕的是，他们会产生逆反心理，也会对父母封闭内心，导致亲子关系紧张。

事实上，生活在一个多样化选择的时代里，任何人必须能够做出有根据、负责任的决定。如果孩子了解自己的偏好，对自己的偏好充满信心，足以顶住外部的压力，并且能够全面考虑自己做出的选择可能给自己及他人带来的后果，他就会做出更加正确的决定。

心理支招

在与孩子沟通的过程中，父母不要总是将自己的观点强加给孩子。具体说来，父母需要做到以下几点：

1. 鼓励孩子在平时表达自己的想法和感受

一位女孩曾这样自豪地说：

有一次数学课，我用一种简单的方法做出了一道复杂的题目，但是老师并不承认我的做法。当我把这件事情告诉爸爸时，爸爸对我说："女儿，你是对的！"后来，在我的成长过程中，经常会遇到类似的情况，都是爸爸的那次鼓励给了我继续说下去的勇气！

2. 让孩子根据自己的兴趣选择

父母在帮助孩子做选择时，一定要考虑孩子的兴趣，兴趣是最好的老师。

父母可以给孩子一定的建议，但不能替孩子拿主意。比如，有的孩子喜欢看科幻小说或漫画，而如果你非让他看科普读物的话，孩子只会越来越排斥看书。

3. 体谅孩子的情绪和思维，而不是嘲笑

可能在你看来，孩子是幼稚的，他的想法不可思议，但你千万不能嘲笑他，也不要以自己的思维来要求孩子，你要允许孩子把自己的观点表达出来。当孩子主动和你谈起他对某件事情的感受和想法时，不要不耐烦地敷衍了事，而应该跟孩子一起聊聊。

4. 要善于称赞孩子

当孩子努力去做了，或做得很好时，家长要立即予以称赞和鼓励，以调动孩子的积极性，增强孩子的自尊心和自信心。这种称赞尽量不要以实物的形式，比如给孩子买玩具、买好吃的东西等，因为这样容易刺激孩子的虚荣心，时间久了，反而会阻碍孩子的健康成长。

总之，身为青春期孩子的父母，必须认识到，尽管他是你的孩子，但同时也是独立的个体，也有自己的个性。如果总是把自己的想法强加给孩子，那么，你就无法真正了解孩子的兴趣、爱好、特长，也会限制孩子的成长。父母不应该把自己的价值观强加给孩子，而是应该学会从孩子的角度看问题。

"我也有隐私!"——为什么孩子好像突然多了很多秘密

父母的烦恼

小天是一名初二学生,最近他迷上了上网。可能是因为家里最近新买了一台笔记本电脑的缘故,一放学,他跑得比谁都快。回家后,他就钻进房间,打开电脑,有时候妈妈喊吃饭他都不愿意出来,作业到半夜还没做完。妈妈发现了儿子的变化,就留心观察了一下,原来儿子每天晚上会在网上等一个叫"秋水伊人"的女孩子。

为了看看儿子是不是早恋了,妈妈那天早早地下了班,回家打开了电脑。果然,儿子的聊天记录没有加密,她看到那些聊天内容,才知道原来自己多虑了,这个"秋水伊人"是儿子小学时的同桌,现在出国了,对国外的生活很不适应,就找儿子倾诉一下。这时,儿子刚好回来,撞见了妈妈在看他的聊天记录,顿时火冒三丈,摔门而走。

几天后,她和丈夫终于在学校附近的一家网吧找到了儿子,她跟儿子道了歉:"是妈妈不好,我应该尊重你的隐私,你跟妈妈回去吧……"

后来,妈妈跟小天定了一份契约:

第十章
自我意识的萌芽，让青春期孩子更需要被理解和尊重

契 约

1. 互相之间不欺骗对方
2. 说过的话算话
3. 不介入个人隐私
4. ×××××××
5. ×××××××

约定人

生活中，不少青春期孩子的父母总抱怨，为什么孩子好像一下子多了很多隐私。面对孩子的隐私，他们便产生了一些好奇的心理，于是偷看孩子的聊天记录或者日记成了很多家长做过的事。其实，这样做只会让孩子对你锁上心门，不再愿意与你沟通。

作为家长，有权利和义务监督和引导孩子上网，若孩子有早恋的倾向也应该及时引导，但是采用的引导方式应该是正确的，而不是采取侵犯隐私的方式。否则，就会好心办坏事，不仅侵犯了孩子的隐私，而且在不知不觉中伤害了他们的自尊心。

隐私权体现的是人的尊严和价值，是宪法保护的一项基本人格权。未成年人虽然年幼，但同样有其人格尊严和价值，同样不容他人侵犯，尊重和保护未成年人隐私权是文明进步的表现。因而，从小培养未成年人的隐私权意识，尊重未成年人的隐私权益，有利于促进其健康人格的养成。

在生活中，很多父母可能认为，孩子的生命都是自己给的，哪里还有什么隐私，因此，提到孩子的隐私问题，都会觉得不以为意。父母认为，看看孩子的聊天记录、手机短信、日记，这都是天经地义的事，其实这是一种不懂法的表现。

事实上，孩子到了青春期后，开始慢慢长大，他们渴望父母能给自己更多的空间，而有些家长总是想控制孩子、管制孩子。适当的控制是必要的，但随着年龄增长，更多的是靠孩子的自觉和自律，而且要给孩子自主的空间，要尊重孩子自主的空间。父母干涉过多，是很多青春期孩子不快乐的原因之一。"最讨厌的事情就是父母亲偷看我的短信""上网聊天也要偷着瞧，一点自由都没有，真烦"……这些恐怕是很多孩子的心声。但家长们却左右为难："我们不看的话，怎么知道孩子是怎么想的。"如何在家长的知情权与孩子的隐私权之间取得平衡呢？

心理支招

1. 用正确的态度看待孩子的隐私

任何人都有自己的秘密和隐私，这是不希望被人知道的。父母应该知道，孩子心中有秘密是很正常和普通的事，这其中包括孩子的如意和不如意以及成长经历等，没有什么值得大惊小怪。如果父母换个角度来思考，假如孩子偷看了父母不愿意让人知道的信件或日记之类的东西，父母的感觉又怎样呢？因此，父母只有把孩子当作一个独立的人来看待，保持孩子和自己在人格上是平等的，才会尊重孩子的隐私。

以这样的态度，父母就能从容面对孩子保留的秘密和隐私了。当发现孩子给书桌上锁时、给电脑设密码时，也就不会草木皆兵、如临大敌了。

2. 重在引导，少干涉

父母无意间会侵犯到孩子的隐私，虽说他们的出发点并不坏，他们担心子女出事，有时也确实是为了更多地了解子女，但是，这种方法是不可取的。对于孩子的某些问题，重在引导，父母要根据孩子的选择给他自由，不能多加干涉。即使你想了解孩子，并不一定要以窥探孩子隐私、牺牲孩子隐私为代价，而应该把孩子当朋友一样相处，充分尊重孩子的人格与隐私，给孩子一个相对独立的空间，通过平等对话，交流情感，让孩子主动敞开心扉，把内心的秘密告诉父母。

3. 培养孩子对自己的信任感

信任感的建立，是从生活中的一点一滴积累起来的：要兑现对孩子的承诺，不能兑现也得说清理由，取得孩子谅解；承诺为孩子保守秘密，一定要守信。同时，家长可以根据孩子年龄的增长不断改变监管的力度和方法。平时多和孩子谈谈心，学会信任孩子，尊重孩子，理解孩子。

总之，作为父母，要主动改变教育观念，改变单一管理孩子的方法，不要再把孩子当成你的附属品了，要把孩子当作一个具有完整人格的独立个体来平等看待。尊重孩子，从尊重孩子的隐私权开始！

读懂青春期孩子的心

"我要自由！"——青春期的孩子都希望能有自己独立的空间

父母的烦恼

菲菲出生在书香门第，从小受家庭氛围的熏陶，知书识礼，乖巧伶俐。父母视她为掌上明珠，百般呵护。但菲菲的家教很严，爸爸妈妈经常搬出"女儿经"，谆谆教导女儿不许这样，不许那样。在进入初中以前，菲菲也一直是个很听话的乖女孩。

进入初中以后，随着学习和生活环境的变化，父母的管教让她觉得很烦躁，觉得家就像个牢笼一样，甚至害怕回家。

一次，天都黑了，菲菲的父母发现女儿还没回家，问了所有同学都没有菲菲的消息，他们只好自己找，结果却发现菲菲一个人坐在学校的操场上发呆。他们纳闷了：女儿到底是怎么了？

这里，菲菲为什么不想回家？因为家对于她来说就是束缚。事实上，生活中，每个人都需要自由，孩子也是一样。如果父母束缚住孩子的手脚，让孩子不许做这个，不许做那个，对孩子大包大揽，那么，孩子会感到窒息，他的一些优良的个性、心理、品质也会被压抑。而随着孩子慢慢长大，当她进入青春期，自主意识也越来越明显，面对无法呼吸的成长环境，她一定会反抗，那么，亲子关系势必会变得紧张起来。

每个青春期的孩子最渴望的就是得到父母的理解，于是，他们举着"理解万岁"的大旗高呼"父母不理解我"。每个孩子都希望生活在一个民主型的、和睦的家庭中，这样的家庭才会给自己一个温暖的归属港湾。当家庭不和睦时，孩子就会有"被抛弃感和愤怒感，并有可能变得抑郁、敌对、富有破坏性……还常常使得他们对学校作业和社会生活不感兴趣"。

可见，孩子希望得到父母的认可和尊重，希望父母承认自己已经长大，能够处理一些自己的事情，需要更多的空间。而更多时候，家长仍把他们当作未成年人，所以对他们抱有一定的不信任感。有些孩子一旦发现父母的这种想法，便会觉得自己被父母轻视了。这往往打击他们的积极性，使他们对长辈也产生敌对心理。

作为父母，要记住，孩子是独立的个体，而不是你的私有财产。

那么，怎样才能给孩子提供一个足够自由的空间呢？

心理支招

1. 尊重孩子的需要，让孩子自由探索

孩子的世界和成人的世界是不同的，对于成长道路上看到的很多事物，他都会感到新奇，都有想探索的欲望，这也是孩子在成长过程中的一种本能的需要。对此，父母应该予以尊重，让孩子自由探索，这样，他才有更多的生活体验，才能成长得更快。假如父母剥夺了孩子的这种权利，那么，他就体验不到这种乐趣，也会变得越来越没有自信。

2. 不要过度保护孩子

孩子的成长过程虽然是充满恐惧的，但也是充满乐趣的。他们会摔跤，但作为父母，不能永远扶着孩子走。因此，如果孩子想尝试，你就应该鼓励孩子，让孩子有尝试的勇气，而不是说："算了，多危险，不要做了。""小心

点，你会伤害自己的！""你不能做这个，太危险了！"这样，孩子即使想尝试，也会被你的提醒吓退的。

3. 尊重孩子的天性，让孩子决定自己的未来

所有的父母都希望孩子长大后能有出息，但并不是所有的父母都能做到不干涉孩子的人生选择。他们在为孩子设计未来时，多半不会考虑到孩子的天性、优点等，而是按照自己的意愿进行规划。这样的教育模式下培养出来的孩子是很难有突出的个性品质的，也多半是不快乐的。

4. 在允许的情况下，让孩子自由支配时间

孩子虽小，但父母也应该尊重他，让他有一些自己独立支配的时间，比如，晚上空余时间，孩子是睡觉还是看书等，父母不要干涉。

总之，孩子的成长需要自由的空间。自由就好像空气一样，在孩子成长的过程中，没有自由，他是无法健康、快乐地成长的。因此，要想使孩子成长得更快，父母就要给孩子提供足够的自由空间，而不是限制孩子的自由，从而使孩子生活在一个小小的"鱼缸"中，无法健康快乐地成长。

"为什么不问问我?"——给孩子发表意见的机会

父母的烦恼

这天,儿子放学回家,进门就嚷:"妈,从明天开始,我不去学校了,你别劝我!"

如果平时孩子的爸爸在家,一定会严厉地训斥他。但妈妈却是个温和的人,她知道儿子肯定是受了什么委屈。

"为什么不去呢?"

"没什么,感觉不太舒服。"

"不舒服,哪里不舒服?怎么不早点请假回来呢?"

"不想耽误学习啊,你别问了,反正我不去。"其实,妈妈是聪明的,儿子说话这么有力气,怎么会身体不舒服,一定另有隐情。

"可是,今天不舒服,明天不一定不舒服啊。要不,妈妈带你去医院吧。"妈妈在说这话的时候,故意露出一点笑容。儿子明白,妈妈看出端倪了。于是,他只好说:"妈,你儿子是不是很没用啊?"

"怎么这么说,我儿子一直是最棒的,有最棒的体格,最棒的学习接受能力,待人温和,还疼妈妈。"

听到妈妈这么说,儿子笑了,主动说出了今天遇到的事:"妈,今天老师叫我们写一篇作文,我拼错了一个字,老师就嘲笑了我一番,同学们也都笑我,真没面子!"

此时，妈妈没有说话，只是搂着伤心的儿子。儿子沉默了几分钟，从妈妈怀中站了起来，平静地说："谢谢你听我说这些事，我要去公园了，同学们还等着我呢。"

从这个故事中，我们看到了一对母子间的和谐关系。可见，懂得和孩子沟通的父母，绝不会不给孩子说话的机会。

任何父母，都希望孩子把自己当朋友，与自己分享成长中的烦恼与快乐。然而，孩子越大越难与他们沟通，这是很多父母共同的感受。这是由什么造成的呢？其实，孩子也想对父母说实话，只是很多父母总是端着家长的架子，甚至压制孩子的想法，孩子又怎么愿意与你沟通呢？因此，聪明的父母都会引导孩子发表自己的意见，让孩子畅所欲言。

其实，不仅是青春期，孩子自从出生，就有要发表意见的需求，比如用手去触摸自己喜欢的东西，不喜欢有些长辈抱自己时，就大声哭闹。对于此时孩子的这些行为，父母一一接受了。可是随着孩子年龄的增长，父母为什么又把这种自主权搁浅了呢？压制孩子发表意见，就是压制孩子的主见，这对孩子的成长是极为不利的，会让青春期的孩子关上自己的心门，不愿与父母交流。

其实，孩子要求发表意见、要求自主的意识是随着年龄的增长越来越强烈的，父母要给予孩子的是尊重，给他发表意见的机会，而不是压制。

心理支招

1. 不要压制孩子的想法

即使孩子的看法与父母不同，也要允许孩子有自己的想法。父母应考虑到孩子的理解能力，举出适当的事例来支持自己的观点，并详细地分析双方的意见。父母不压制孩子的思想，尊重孩子的感觉，孩子自然会敬重父母。

2. 支持孩子在小事上自己拿主意

当冉冉不肯睡觉时，妈妈对她说："冉冉，我相信你一定能管好自己的，因为你明天7点要起床，所以，你自己会在9点前上床睡觉，我相信你会自己注意时间。"果然，冉冉听话多了。

其实，家长可以支持孩子自己管理自己，并提醒他界限何在。当孩子做选择时，他会认为自己的确享有主导权，这一点会令他开心。

3. 父母应保持适当的权威

许多家长也许在自己的孩童时期所接受的教养方式是极端权威的，父母说一，他们决不敢说二，所以，他们从未享受发表自己意见的权利。于是，他们把这种教育方式延续给了孩子。如果孩子所争取的是自己的自主权，而不是父母或其他人的管理权，那么他的要求就没什么不对。父母应将大人的权力保留在适当范围内，别将它过分延伸到孩子身上。同时，也要让孩子尊重父母的权威。父母要尊重孩子的权利，同时也要坚持对孩子有利的一些原则。

孩子从襁褓时期对父母完全的依赖，到发展自我意识、建立自信、试验探索，终于长大成一个独立的成人，这都需要主见的培养。想要让孩子有主见，父母可以遇事问他的看法和想法，不管是学校的事还是家里的事，或者是报纸上刊登的事，或者是路上看到的事，包括爱吃什么，爱穿什么，爱玩什么都要问孩子的意见。这样，孩子能感受到被尊重，久而久之，孩子不但学会了独自思考，还能拉近亲子间的关系，让孩子对父母敞开心扉。

> 有的父母似乎只关心孩子的学习，或只希望孩子按照自己的想法做事，让孩子觉得没有个人空间，更没有得到尊重，于是，他们宁愿把心事

写给日记，也不愿意向父母求助。

尊重体现在日常生活的点点滴滴中，比如倾听孩子的意见、认可他们的感受、尊重他们的选择等。真正的尊重，是爱的另一面，它让孩子感受到被理解和接纳，从而增强自我价值感和自信心。

参考文献

[1] 科尔曼.为什么我的青春期孩子不和我说话？[M].蔺秀云，王晓菁，刘胜男，译.北京：化学工业出版社，2020.

[2] 于薇.不唠叨让孩子听话的诀窍[M].北京：经济科学出版社，2013.

[3] 莱利.孩子喜欢对着干，父母应该这样管[M].孙艳芬，译.贵阳：贵州教育出版社，2013.

[4] 麦克瑞斯.少些吼叫多些爱[M].叶红婷，宋晋平，译.上海：上海社会科学院出版社，2017.